Herausgegeben von

Max Schröder

Bernd Wurl

Alexander Wynands

Schroedel

Maßstab 5
Mathematik · Hauptschule

Herausgegeben und bearbeitet von
Dr. Martina Bartels-Walther, Kerstin Cohrs-Streloke, Anette Lessmann, Hartmut Lunze, Peter Ploszynski, Jürgen Ruschitz, Dr. Max Schröder, Prof. Bernd Wurl, Prof. Dr. Alexander Wynands.

Zum Schülerband erscheint:

Materialienband: Best.-Nr. 84011
Lösungsheft: Best.-Nr. 84021
Arbeitsheft: Best.-Nr. 84008

Bildquellenverzeichnis:
Umschlagfoto: tony stone worldwide, Lori Adamski Peek
Dieter Rixe, Braunschweig: S. 6, 7 (3, Briefe, Tacho, Fußballer), 9, 18 (Briefmarken), 20 (2, Gummibärchen, Mikroskop), 23 (Streichhölzer), 29 (Hochhaus), 33 (Zirkus), 34 (3), 43 (Käse), 45, 56 (4), 78 (Haus mit Gerüst), 79 (2, Haus mit Hydrantenschild, Auto), 81 (2), 83, 86 (3), 89 (3), 93, 94 (Wasserhahn), 95 (3), 96 (5, Autos, Schild, Blatt, Hampelmann), 100 (Mädchen), 101 (Geld); 104 (4, Mensch, Postkarte, Finger, Blätter), 110 (8, Auto, Milch, Pfennig, Blatt, 4 Waagen), 111 (4, Briefmarke, Feder, Blütenblatt, Kolibri-Ei), 112 (4, Waagen), 114 (4, Uhren), 115, 122 (Fliesenverkauf), 123 (2, Tischtennisplatte, Quadratmeter), 125, 129, 143, 146, 147 (2), 149, 153 (Schwimmer), 154; Bavaria, Gauting: S. 7 (Pinguine); Bongarts, Hamburg: S. 15 (Borussia Dortmund); Astrofoto/van Ravenswaay, Leichlingen: S. 18, 116; © Disney: S. 19; Alexander Wynands: S. 20 (2, Baumstämme); Zefa – H. Mante, Düsseldorf: S. 20 (Menschenmenge); © Goscinny/Uderzo. Großer Asterix-Band VI: Tour de France. © DELTA Verlag GmbH, Stuttgart 1991. Übers. aus dem Französ.: Gudrun Penndorf M.A. Beratung Adolf Kabatek. © DARGAUD EDITEUR S.A., Paris 1965: S. 21 (Asterix); © Bill Watterson: Calvin und Hobbes: Das 8. Album: Achtung, fertig, los! © 1993 Universal Press Syndicate, Deutsche Erstveröffentlichung im S. Fischer Verlag GmbH, Frankfurt/Main: Seite 24 (Calvin und Hobbes); Zefa – First, Düsseldorf: S. 42 (Gizeh); Pegasus: S. 42 (Jack in the box); Look, H. Endler, München: S. 42 (Marmorquader); Zirkus Krone: S. 42; Zefa – Kohlhaas, Düsseldorf: S. 43 (Kunsthalle Bonn); VTG, Hamburg: S. 43 (Haus); Michael Frühsorge: S. 46 (Kantenmodelle), S. 120 (Schraube); S. 143 (Uhr); S. 151 (Tafel); Morris: Lucky Luke Classics, Band 6: Die Gesetzlosen. © DELTA Verlagsgesellschaft mbH, Stuttgart 1992. Übers. aus dem Französ.: Gudrun Penndorf M.A. Beratung: Adolf Kabatek. © DARGAUD EDITEUR S.A., Paris 1988: S. 57 (Daltons); Morris/Goscinny: Lucky Luke – Western Circus. Band 62 © DELTA Verlagsgesellschaft mbH, Stuttgart 1991. Übers. aus dem Französ. Gudrun Penndorf M.A. Deutsche Textbearbeitung: Adolf Kabatek. © DARGAUD EDITEUR S.A., 1970: 139; Tourist Information und Stadtmarketing, Detmold: S. 61; Vergrößerung aus der Stadtkarte 1:15000, vervielfältigt mit Genehmigung des Kataster- und Vermessungsamtes der Bundesstadt Bonn vom 27. 11. 97 Nr. 126/87: S. 78; © 1980 United Feature Syndicate Inc.: S. 78 (Peanuts); Zefa-Minden, Düsseldorf: S. 79 (Spiegelung); Werner Ring: S. 79 (Marienkäfer); Luftbild des Kommunalverbandes Ruhrgebiet, Essen: S. 84; Riecke PHOTOGRAPHIE, Berlin: S. 88, 97 (15); Greiner + Meyer, Braunschweig: S. 94 (Schmetterling), 96 (Seestern); 122 (Marienkäfer, Schnecke, Elefant, Buchdrucker, Scharlach – Feuerkäfer, Biber); Mauritius – Mollenhauer, Mittenwald: S. 96 (Fachwerkhaus); Imagine – Steinkamp, Hamburg: S. 96 (Haubentaucher); Mauritius – Nill, Mittenwald: S. 96 Fledermaus); Sven Simon, Essen: S. 100 (Gewichtheber), 118 (Triathlon); Alexander Wynands, Bonn: S. 101 (Baum); Goscinny/Uderzo: Großer Asterix-Band XVI: Asterix bei den Schweizern. © DELTA Verlag GmbH, Stuttgart 1992. Übers. aus dem Französ.: Gudrun Penndorf M.A. © DARGAUD EDITEUR S.A., Paris 1970: S. 101 (Asterix); Freigegeben durch die Regierung von Oberbayern Nr. G7/89915 und Photogrammetrie GmbH, München, als Hersteller: S. 104 (Stadion); Peter Ploszynski: S. 108 (Normelle); DB, Berlin: S. 109; Sven Simon, Essen: S. 109 (Berlin-Marathon); Imagine-Hoa Qui, Hamburg: S. 113; Imagine – Waldkirch, Hamburg: S. 118 (Stadion); Bilderdienst Süddeutscher Verlag, München: S. 118 (Max Schmeling); Guinness Buch der Rekorde 1993: S. 119 (2, lange Bratwurst, Burg aus Bierdeckeln); Guinness Book of Records 1991: S. 119 (längstes Auto); Photogrammetrie GmbH, München; freigegeben durch die Regierung von Oberbayern: S. 123 (Stadion); POWERS OF TEN by Philip and Phylis Morrison © 1982 by Scientifiic American Library. Used with permission of W.H. Freeman and Company, Deutsche Ausgabe: Zehn hoch. Dimensionen zwischen Quarks und Galaxien. Heidelberg (Spektrum Akademischer Verlag) 1991: S. 133 (4 Luftbilder); PIPPI LANGSTRUMPF von Astrid Lindgren, Illustrationen von Rolf Rettich, © Verlag Friedrich Oetinger, Hamburg 1987: S. 135.

ISBN 3-507-**84001**-4

© 1998 Schroedel Verlag GmbH, Hannover

Alle Rechte vorbehalten. Dieses Werk sowie einzelne Teile desselben sind urheberrechtlich geschützt. Jede Verwertung in anderen als den gesetzlich zugelassenen Fällen ist ohne vorherige schriftliche Zustimmung des Verlages nicht zulässig.

Druck A [6 5 4 3 2 1] / Jahr 02 01 2000 1999 98

Alle Drucke der Serie A sind im Unterricht parallel verwendbar. Die letzte Zahl bezeichnet das Jahr dieses Druckes.

Illustration: Hans-Jürgen Feldhaus (Leitfiguren)
Zeichnungen: Michael Wojczak
Satz-Repro: Satz-Zentrum West GmbH & Co., Dortmund
Druck: Appl, Wemding

Gedruckt auf Papier, das nicht mit Chlor gebleicht wurde. Bei der Produktion entstehen keine chlorkohlenwasserstoffhaltigen Abwässer.

Hinweise

Merksätze

Merksätze stehen auf einem blauen Hintergrund und sind folgendermaßen gekennzeichnet:

Beispiele

Musterbeispiele als Lösungshilfen stehen auf einem blauen Hintergrund und sind folgendermaßen gekennzeichnet:

Testen, Üben, Vergleichen (TÜV)

Jedes Kapitel endet mit 1 bis 2 Seiten TÜV, bestehend aus den wichtigsten Ergebnissen und typischen Aufgaben dazu. Die Lösungen dieser Aufgaben sind zur Selbstkontrolle für die Schülerinnen und Schüler am Ende des Buches angegeben.

Projekte/Themenseiten

Projekt- bzw. Themenseiten sind im Buch besonders gekennzeichnet:

Differenzierung

Besonders schwierige Aufgaben sind durch einen roten Kreis um die Aufgabennummer gekennzeichnet:

Knobelaufgaben sind ebenfalls besonders gekennzeichnet:

Leitfiguren

Durch das Buch führen zwei Leitfiguren: die Null und die Eins.
Sie können die Aufgabe stellen oder geben nützliche Tipps und Hilfen.

Inhaltsverzeichnis

1 Zahlen und Daten — 6

Die neue 5. Klasse	8
Strichliste, Tabelle und Diagramm	9
Natürliche Zahlen	10
Zahlen vergleichen und ordnen	11
Zehnersystem	12
Zahlen runden	15
Runden und darstellen am Zahlenstrahl	16
Diagramme lesen und zeichnen	17
Große Zahlen im Zehnersystem	18
Schätzen durch Rastern	20
A: Römische Zahlzeichen	21
Testen, Üben, Vergleichen	22/23

2 Addition und Subtraktion — 24

Kopfrechnen	26
Addition und Subtraktion am Zahlenstrahl	28
Operatoren	29
Umkehroperator	30
Rechenregeln – Rechenvorteile	32
Schriftliches Addieren	33
Schriftliches Subtrahieren	35
Addition und Subtraktion von Geldbeträgen	37
Autorallye	38/39
Testen, Üben, Vergleichen	40/41

3 Körper, Flächen, Linien — 42

Flächen und Kanten	44
Senkrecht und parallel	45
Basteln von Kantenmodellen	46
Lotrecht – waagerecht	47
Quadrat und Rechteck	49
Bastelanleitung für Würfel und Quader	50
Testen, Üben, Vergleichen	54/55

4 Multiplikation und Division — 56

Multiplikation und Division	58
Halbschriftliches Multiplizieren	60
Operatoren	62
Kopfrechnen mit Zehnern, Hundertern und Tausendern	63
Rechenregeln	64
Vorteilhaftes Rechnen	65
Schriftliches Multiplizieren	66
Überschlagsrechnen	67
Schriftliches Multiplizieren mit mehrstelligen Zahlen	68
Schriftliches Dividieren	70
Schriftliches Dividieren durch mehrstellige Zahlen	71
Division mit Rest	73
Auf der Silberranch	74/75
Testen, Üben, Vergleichen	76/77

Inhaltsverzeichnis

5 Zeichnen und Konstruieren — 78

- Gerade — 80
- Strecke und Strahl — 81
- Senkrecht — 83
- Parallel — 84
- Abstand — 85
- Rechteck und Quadrat — 87
- Parallelogramm und Raute — 89
- Stadtrallye — 90/91
- Quadratgitter — 92
- Spiegeln — 93
- Achsensymmetrische Figuren — 94
- Spiegelungen und Symmetrien überall — 96
- Symmetrische Figuren basteln — 97
- Testen, Üben, Vergleichen — 98/99

6 Größen — 100

- Geld — 102
- Längen messen und schätzen — 104
- Messen und umrechnen — 105
- Kommaschreibweise — 106
- Rechnen mit Längenmaßen — 107
- Masse — 110
- Kommaschreibweise — 112
- Rechnen mit Massen — 113
- Zeit: Tag, Stunde, Minute, Sekunde — 114
- Tag, Monat, Jahr — 116
- Sport — 118
- Merkwürdige Rekorde — 119
- Testen, Üben, Vergleichen — 120/121

7 Flächeninhalt — 122

- Zerlegen und Vergleichen von Flächen — 124
- Parkettieren — 125
- Parkettieren mit Quadratzentimetern — 126
- Flächeninhalt des Rechtecks — 127
- Umfang des Rechtecks — 128
- Flächenmaße dm^2, cm^2, mm^2 — 130
- Flächenmaß m^2 — 131
- Maßquadrat für große Flächen — 133
- Umwandeln — 134
- Die Klasse 5d gestaltet ihren Klassenraum neu — 136/137
- Testen, Üben, Vergleichen — 138/139

8 Brüche — 140

- Stammbrüche — 142
- Berechnungen mit Stammbrüchen — 143
- Erkennen und Herstellen von Bruchteilen — 144
- Berechnen von Bruchteilen — 146
- Umwandeln in kleinere Maßeinheiten — 148
- Vom Bruchteil zum Ganzen — 149
- Brüche größer als 1 — 150
- Addition und Subtraktion von Brüchen mit gleichem Nenner — 151
- Brüche mit dem Nenner 10, 100 oder 1 000 — 152
- Dezimalbrüche — 153
- Bauplanung — 155
- Testen, Üben, Vergleichen — 156
- Die Lösungen der TÜV-Seiten — 157
- Stichwortverzeichnis — 160

A: Angebote zum Weiterlernen im binnendifferenzierenden Unterricht

1 Zahlen und Daten

Lösungstipp:
Ich bin ein
1|16|6|5|12

Lösungstipp:
Ich bin ein
6|9|19|3|8

1 Zahlen und Daten

Mehr als 100? Schätze!

Braucht man diese Nummern?

1 Zahlen und Daten

Die neue 5. Klasse

Kenan
11 Jahre
serbisch
Bus
Kunst

Doris
11 Jahre
deutsch
zu Fuß
Sport

Susi
12 Jahre
deutsch
Fahrrad
Englisch

Simon
12 Jahre
deutsch
Bus
Kunst

NAME: Null
ALTER: 1
NATIONALITÄT: DEUTSCH
WIE KOMMST DU ZUR SCHULE? ZU FUSS
LIEBLINGSFACH: MATHE

NAME: Eins
ALTER: 1
NATIONALITÄT: DEUTSCH
WIE KOMMST DU ZUR SCHULE? RAD
LIEBLINGSFACH: MATHE

Tim
11 Jahre
deutsch
zu Fuß
Sport

Andreas
12 Jahre
russisch
Fahrrad
Mathe

Aische
10 Jahre
türkisch
Bus
Sport

Imene
10 Jahre
türkisch
Bus
Deutsch

Mark
11 Jahre
deutsch
zu Fuß
Mathe

Sergej
12 Jahre
russisch
zu Fuß
Sport

Silke
10 Jahre
deutsch
Bus
Sport

Dennis
10 Jahre
deutsch
Fahrrad
Deutsch

Emine
11 Jahre
türkisch
Fahrrad
Biologie

Hassan
10 Jahre
türkisch
Bus
Sport

Karin
11 Jahre
deutsch
Bus
Sport

Sven
11 Jahre
deutsch
Fahrrad
Sport

Markus
10 Jahre
deutsch
Bus
Sport

Sascha
11 Jahre
deutsch
Bus
Mathe

Victoria
11 Jahre
italienisch
Bus
Mathe

Fedua
11 Jahre
türkisch
Fahrrad
Mathe

Nicole
11 Jahre
deutsch
zu Fuß
Mathe

Rahime
11 Jahre
türkisch
Bus
Deutsch

Marco
10 Jahre
deutsch
Fahrrad
Englisch

Stefanie
10 Jahre
deutsch
Fahrrad
Kunst

1 Zahlen und Daten

Strichliste, Tabelle und Diagramm

Aufgaben

1. Die Klasse 5a hat die Steckbriefe ausgewertet.
   a) Die meisten Kinder sind 11 Jahre alt. Wie viele sind das?
   b) Wie viele sind 10 Jahre alt? Wie viele Kinder sind insgesamt in der Klasse 5a?
   c) Übertrage die Tabelle und das Diagramm in dein Heft.

2. Die Steckbriefe zeigen, wie die Kinder der 5a zur Schule kommen.
   a) Übertrage die Tabelle in dein Heft. Ergänze die fehlenden Werte.
   b) Zeichne ein Schaubild.

mit Bus	mit Fahrrad	zu Fuß
⦀⦀ ⦀⦀ ⎸		
11		

3. Das Diagramm zeigt, welche Nationalitäten die Schüler der Klasse 5a haben. Trage die Werte in eine Tabelle ein.

   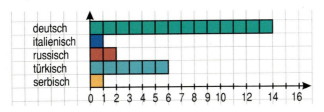

   Man kann die Säulen auch als waagerechte Streifen zeichnen.

4. Zum Lieblingsfach. Erstelle eine Tabelle und ein Diagramm.
   a) nur für die Mädchen   b) nur für die Jungen   c) für alle Kinder

5. In der Klasse 5b wurde nach dem Lieblingssport gefragt.
   a) Wie viele Kinder haben geantwortet?
   b) Ordne nach der Beliebtheit, dann zeichne ein Diagramm.

Fußball	⦀⦀ ⎸⎸⎸⎸	9
Badminton	⦀⦀	5
Schwimmen	⦀⦀ ⎸⎸	7
Tischtennis	⦀⦀	5
Basketball	⎸⎸	2

6. In allen 5. Klassen wurde nach dem Lieblingssport gefragt. Was kannst du aus diesem Diagramm ablesen?

   | Fußball | Basketball | Badminton | Schwimmen | Tennis |

   1 cm für 10 Kinder.

1 Zahlen und Daten

Natürliche Zahlen

Adam Ries(e) schrieb 1550 sein drittes Rechenbuch. Er war damals 58 Jahre alt. Ries machte die arabischen Ziffern und das Rechnen damit bekannt. Unsere zehn Ziffern stammen aus Indien. Die Araber brachten sie im 12. Jahrhundert nach Europa.

Indisch (Brahmi) 3. Jh. v. Chr.

Westarabisch (Gobär) 11. Jh.

Europäisch (Dürer) 16. Jh.

Merke:

0, 1, 2, …, 9, 10, 11, … heißen natürliche Zahlen. Jede natürliche Zahl lässt sich mit den Ziffern 0, 1, 2, 3, 4, 5, 6, 7, 8, und 9 schreiben und am Zahlenstrahl darstellen.

Aufgaben

1. a) Schreibe die nächste Kilometerzahl auf.
   109 km   316 km   499 km   6 090 km   9 999 km
   b) Wie heißt die vorhergehende Kilometerzahl?
   208 km   460 km   500 km   3 070 km   9 900 km

2. Schreibe die vorangehende und die nachfolgende Zahl auf.
   a) 70 b) 89 c) 100 d) 289 e) 1 099 f) 30 g) 450 h) 7 010 i) 1 000

3. Wie heißt die um 10, wie die um 100 größere Zahl?
   a) 560 b) 400 c) 390 d) 980 e) 1 270 f) 3 990

   2 570 + 10 = 2 580
   2 570 + 100 = 2 670

4. Wie groß ist die um 10 (um 100) kleinere Zahl?
   a) 600 b) 790 c) 990 d) 1 000 e) 2 710 f) 8 100

   3 600 − 10 = 3 590
   3 600 − 100 = 3 500

5. Zeichne den Zahlenstrahl in dein Heft. Trage die fehlenden Zahlen ein.

   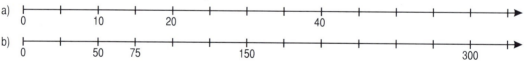

6. Wenn man mit einem Scheck bezahlt, muss man den Geldbetrag mit Ziffern und in Worten schreiben.

   Schreibe wie auf dem Scheck die Zahlen in Worten.
   a) 15 b) 27 c) 120 d) 155 e) 345 f) 555 g) 770 h) 981 i) 1 000 j) 1 150

7. Schreibe mit Ziffern   a) die größte 3-stellige Zahl;   b) die kleinste 6-stellige Zahl.

1 Zahlen und Daten

Zahlen vergleichen und ordnen

Merke:

Am Zahlenstrahl liegt von zwei Zahlen die kleinere Zahl links von der größeren.

Beispiele: 2 < 5 „2 ist kleiner als 5"
7 > 5 „7 ist größer als 5"

Aufgaben

1. Zeichne einen Zahlenstrahl bis 15 und kennzeichne farbig alle Zahlen
   a) größer als 12;   b) kleiner als 5;   c) größer als 5 und kleiner als 12.

2. a) Ordne die Lottozahlen: 43; 7; 17; 19; 5; 47 (1. Ziehung); 18; 46; 21; 4; 19; 31 (2. Ziehung)
   b) Sortiere die Hausnummern: 120; 304; 32; 164; 409; 22; 12; 54; 210; 355

3. Ordne die Lebensalter (in Jahren):   12,   18,   42,   28,   35,   44,   37,   82,   48,   13.

4. Sortiere die Zahlen. Beginne mit der kleinsten.

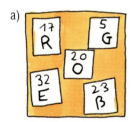
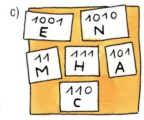
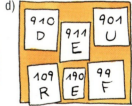

5. Kleiner, größer oder gleich? Setze ein: <, > oder =.

a) 99 ▇ 100	b) 2 + 7 ▇ 12	c) 1043 ▇ 1034	d) 24 · 2 ▇ 48
289 ▇ 298	459 − 60 ▇ 389	1010 ▇ 1001	144 : 12 ▇ 10
550 ▇ 505	990 − 91 ▇ 899	1011 ▇ 1101	256 : 4 ▇ 65

6. Bestimme die beiden benachbarten Zehnerzahlen. Unterstreiche die nächstgelegene.
   a) 273   b) 456   c) 708   d) 981   e) 97   f) 111

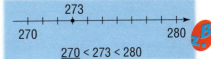

7. Du kannst aus dem Bündel Luftballons 6 Zahlen bilden. Notiere sie geordnet, beginne mit der kleinsten.

1 Zahlen und Daten

Zehnersystem

Merke:

Zahlen schreiben wir im Zehnersystem (Dezimalsystem).
Jede Ziffer hat einen Stellenwert: 1, 10, 100, 1 000, 10 000 …

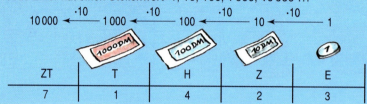

	7 · 10 000 = 70 000
	1 · 1 000 = 1 000
	4 · 100 = 400
	2 · 10 = 20
	3 · 1 = 3
	Summe = 71 423

Beispiel:

H	Z	E	Zerlegt in Stellenwerte	in Kurzschreibweise
5	8	2	5 H + 8 Z + 2 E = 5 · 100 + 8 · 10 + 2 · 1 =	582
5	0	2	5 H + 0 Z + 2 E = 5 · 100 + 0 · 10 + 2 · 1 =	502

Aufgaben

1. Schreibe die Zahlen aus der Stellenwerttafel zerlegt in Stellenwerte und in Kurzschreibweise.

ZT	T	H	Z	E
	4	7	0	3
	5	4	9	1
3	2	0	7	2
5	4	2	1	1
	3	9	0	4
7	0	3	4	3

2. Schreibe die Zahlen zerlegt in Stellenwerte.

a) 8 029   b) 10 371   c) 90 305   d) 53 872
    9 572   23 059   73 001   40 002

3. Lege eine Stellenwerttafel an, trage ein und schreibe als natürliche Zahl in Kurzschreibweise.

a) 3 T + 3 H + 7 E   b) 2 ZT + 4 T + 8 E   c) 5 ZT + 6 T + 8 H + 9 E   d) 9 ZT + 6 T + 8 H + 9 E

4. Lies die Zahlen und zerlege sie in Einer, Zehner, Hunderter, Tausender und Zehntausender.

a) 86   b) 101   c) 7 031   d) 4 908   e) 12 754
    75   902   2 643   8 020   31 000
    99   484   1 875   26 980   99 900

Ziffer 5 in 2 505: 5 H, 5 E

5. Schreibe die Zahlen mit Ziffern.

a) fünftausendzweiunddreißig   b) fünfzehntausendfünfzig   c) dreißigtausendsiebenhundert
d) zweihundertneunundsechzig   e) elftausendeinhunderteins   f) neuntausendundneunzehn

6. Kai wünscht sich ein Fahrrad, das 598 DM kostet. Wie viele Geldscheine reichen, wenn er nur mit
a) 100-DM-Scheinen;   b) 10-DM-Scheinen;   c) 50-DM-Scheinen;   d) 20-DM-Scheinen zahlt?

7. Kai behauptet: Den Preis für das Fahrrad kann man mit vier Geldscheinen und drei Münzen genau bezahlen.

1 Zahlen und Daten

Vermischte Aufgaben

1. Ordne die Kärtchen, dann siehst du, welche Zahl es ist.

2. Ordne ebenso und schreibe die Zahl im Zehnersystem.

   a) 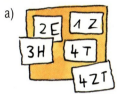   b) 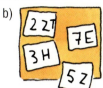   c)

3. Schreibe die Zahlen mit Ziffern im Zehnersystem.

	a) vierhundertfünfzig eintausendsiebenhundert	b) fünfundzwanzigtausendsiebzig dreißigtausendeinhundert
	c) achttausendsiebenhundertdreißig sechzigtausendundfünf	d) fünfhundertvierzigtausend elftausendeinhundertelf

4.

5. Ordne die Zahlen. Beginne mit der kleinsten Zahl.

   a) 3 443   4 433   3 344   3 434   4 343   3 333   4 444

   b) 19 562   56 219   21 956   15 629   12 956   52 196   59 126

   3 333 < 3 344 < …

6. Bei der Schafzählung erhalten die Schafe Nummern auf dem Rücken.

   a) Welche Nummer hat das vorherige Schaf?

   b) Welche Zahl erhält das nachfolgende Schaf?

   c) Der Schäfer zählt 12 Schafe weiter. Wie lautet die Nummer?

   d) Sein Lieblingsschaf hat eine um 100 kleinere Nummer.

7. Welche Zahl ist um 10 größer, welche um 10 kleiner?

a) 99	b) 1 909	c) 23 897	d) 12 073	e) 3 100
199	1 999	76 998	15 805	5 900

   299 + 10 = 309
   299 − 10 = 289

8. Welche Zahl ist um 100 größer, welche um 100 kleiner?

a) 799	b) 1 099	c) 12 990	d) 15 683	e) 8 990
899	2 999	34 558	10 108	9 090

   1 990 + 100 = 2 090
   1 990 − 100 = 1 890

9. Vertausche die Ziffern für Hunderter und Zehner und vergleiche.

   a) 1 254   b) 3 074   c) 3 005   d) 12 345   e) 603 408   f) 1 345 063

   1 4**5**7 < 1 **5**47

10. Wie hoch ist das Jahresgehalt (in DM) mindestens, wie hoch höchstens?

    a) Facharbeiter: 5-stelliges Gehalt   b) Fußballstar: 6-stelliges Gehalt   c) Rockstar: 7-stelliges Gehalt

1 Zahlen und Daten

Vermischte Aufgaben

1. Welche Zahlen gehören zu den Buchstaben auf dem Zahlenstrahl?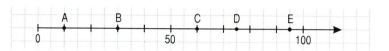

2. Zeichne einen Zahlenstrahl wie in Aufgabe 1. Trage ein: 15, 30, 45, …, 90.

3. Zeichne einen Zahlenstrahl von 10 cm Länge, wähle eine Einheit und trage die Zahlen ein.
   a) 150, 300, 450, 600, 750, 900
   b) 500, 2 000, 4 500, 7 000, 9 500

4. Zeichne einen Zahlenstrahl. Trage die Zahlen so genau wie möglich ein.
   a) 68, 104, 151, 199
   b) 125, 330, 417, 905
   c) 1 208, 3 570, 6 099, 9 059

5. Zähle in gleichen Schritten weiter. Ergänze die fehlenden Zahlen.
   a) 50, 100, 150, …, 500
   b) 80, 120, …, 480
   c) 90, 180, …, 900
   d) 1 000, 950, …, 500
   e) 800, 650, …, 50
   f) 1 000, 910, …, 10

6. Zahlenmix. Ordne, beginne mit der kleinsten Zahl.
   a)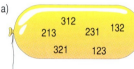
   b)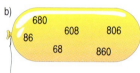
   c)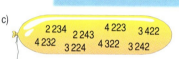

   123 < 132 < 213 < …

7. Gib die Nachbarzehner an. Unterstreiche den nächsten.
   a) 186   b) 238   c) 681   d) 339   e) 199   f) 103   g) 792   h) 998

   480 < 486 < 490

8. Gib die Nachbarhunderter an. Unterstreiche den nächsten Hunderter.
   a) 2345   b) 6309   c) 1099   d) 7061   e) 9901   f) 13 706   g) 19 095   h) 11 099

9. Maike und Dora würfeln mit vier Würfeln. Wer aus seinen Würfeln die größte Zahl legen kann, hat gewonnen.

   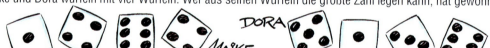

10. Welche Zahlen kannst du damit legen? Schreibe alle auf und ordne sie.
    a)
    b)
    c)

11. Hier werden Zahlen gesucht.
    a) Die größte zwei-, vier- und sechsstellige Zahl
    b) Die kleinste vierstellige Zahl ohne 0
    c) Die kleinste vierstellige Zahl ohne 1
    d) Die größte sechsstellige Zahl ohne 9
    e) Die kleinste sechsstellige Zahl ohne 0
    f) Die größte fünfstellige Zahl ohne 8 und 9

12. a) Nina schreibt die Zahlen von 1 bis 100 auf. Wie viele Nullen benötigt sie?
    b) Uwe schreibt die Zahlen von 100 bis 200 auf. Wie viele Nullen braucht Uwe?

Zahlen runden

Merke:

Man rundet ab, wenn die nächste Ziffer 0, 1, 2, 3 oder 4 ist.
Man rundet auf, wenn die nächste Ziffer 5, 6, 7, 8 oder 9 ist.

Beispiele:
gerundet auf Zehner	gerundet auf Hunderter	gerundet auf Tausender
41 745 ≈ 41 750	41 745 ≈ 41 700	41 745 ≈ 42 000

Aufgaben

1. a) Runde auf Zehner: 35 802 153 695 957 997
   b) Runde auf Hunderter: 235 3 027 1 532 5 650 9 555 7 961
   c) Runde auf Tausender: 13 267 18 900 17 627 29 475 52 260 49 500

2. Runde auf Zehner (Hunderter, Tausender).
   a) 1 654   b) 575   c) 7 992   d) 5 095   e) 7 949   f) 1 994   g) 1 998
      1 478   933   2 168   829   5 276   399   4 508

3. Welche Angaben werden häufig gerundet, welche werden nicht gerundet?
   Einwohnerzahlen   Höhe von Türmen   Preis eines Buches   Lebensalter
   Hausnummern   Telefonnummern   Hauspreise   Länge des Schulwegs
   Meerestiefen   Autokennzeichen   Alter von Bäumen   Schuhgrößen

4. Eine Schule hat rund 800 Schülerinnen und Schüler. Wie viele sind es mindestens, wie viele höchstens?

   > gerundet auf H: 600
   > genauer Wert
   >   mindestens 550
   >   höchstens   649

5. Ebenso: 100 500 1000 1200 2900 4000

6. Wie viele Zuschauer gab es bei den Fußballspielen mindestens (höchstens)?

Bor. Dortmund – KFC Uerdingen 5:0	Werd. Bremen – Bayern München 3:2	SC Freiburg – 1. FC Kaiserslautern 0:0
Zuschauer: 48 800 (ausverkauft)	Zuschauer: 29 800	Zuschauer: 22 500 (ausverkauft)

7. Das Schaubild zeigt, wie viele Zuschauer die vier beliebtesten Fernsehsendungen am Wochenende sahen. Ein ♂ steht für 100 000 Personen. Wie viele Zuschauer waren es mindestens, wie viele höchstens?

1 Zahlen und Daten

Runden und darstellen am Zahlenstrahl

Beispiel:

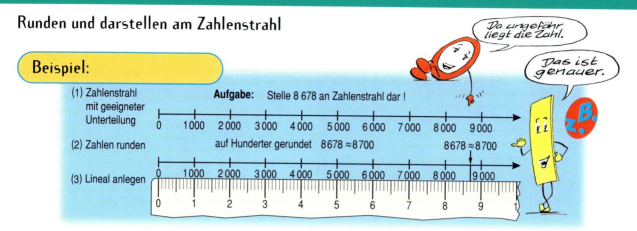

(1) Zahlenstrahl mit geeigneter Unterteilung
(2) Zahlen runden
(3) Lineal anlegen

Aufgaben

1. Auf welchen Zahlen sitzen die Tiere?

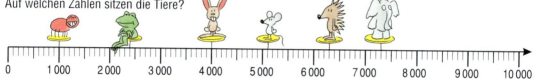

2. Notiere im Heft zu jedem Buchstaben die zugehörige Zahl.

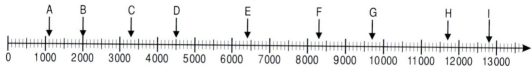

3. Der Unterschied zwischen zwei langen Teilstrichen des Zahlenstrahls ist 100 000.
   a) Wie groß ist der Unterschied zwischen den kleinen Teilstrichen?
   b) Wie groß ist der Unterschied zwischen A und B (C und D bzw. E und F)?

4. Hier ist ein Ausschnitt aus einem Zahlenstrahl.
   a) **Ohne Lupe:** Zwischen welchen Zahlen auf dem Zahlenstrahl liegt der Wert A? Welchen gerundeten Wert hat A?
   b) Zwischen welchen Zahlen liegt der Wert von A unter der Lupe? Gib auch jetzt den gerundeten Wert an.

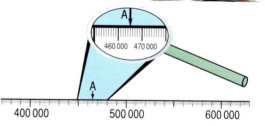

5. Zeichne einen Zahlenstrahl bis 100 000 (1 cm für 10 000) und trage auf Tausender gerundet ein:
   D = 94 510   E = 99 630   N = 80 980   R = 67 800   U = 75 671

6. Zeichne einen Zahlenstrahl bis 100 000 (1 cm für 10 000) und trage ein:
   a) A = 15 000, B = 34 000, C = 47 000
   b) auf Tausender gerundet   N = 51 260   G = 62 080   H = 90 076   F = 82 549
      U = 50 907   Ä = 88 880   E = 79 350   R = 94 082

Diagramme lesen und zeichnen

Einwohnerzahl aller 16 Landeshauptstädte				Legende: 👤 für 100 000 Einwohner	
Berlin	👤👤👤👤👤 👤👤👤👤👤 👤👤👤👤👤 👤👤👤👤👤 👤👤👤👤👤	München	👤👤👤👤👤 👤👤👤👤👤 👤👤👤	Hannover	👤👤👤👤👤
				Erfurt	👤👤
		Stuttgart	👤👤👤👤👤 👤	Dresden	👤👤👤👤👤
				Saarbrücken	👤👤
		Düsseldorf	👤👤👤👤👤 👤	Wiesbaden	👤👤👤
				Mainz	👤👤
Hamburg	👤👤👤👤👤 👤👤👤👤👤 👤👤👤👤👤 👤👤	Bremen	👤👤👤👤👤 👤	Magdeburg	👤👤👤
				Schwerin	👤
				Kiel	👤👤
				Potsdam	👤

Aufgaben

1. Wie viele Menschen leben ungefähr in den einzelnen Hauptstädten der Bundesländer?

   > Berlin: rund 3 500 000
   > 3 450 000 bis 3 599 999

2. Runde die Einwohnerzahlen auf Zehntausender. Zeichne ein Diagramm (👤 für 100 000).

   a) Dortmund 600 918   b) Bonn 293 072   c) Bochum 401 129   d) Wuppertal 383 776
      Duisburg 536 106   Hagen 213 747   Hamm 184 020   Münster 264 887
      Aachen 247 113   Paderborn 131 513   Moers 107 011   Siegen 11 154

3. 2201   2542   2671   2011   2099   2798

   In 100 Tüten Gummibärchen wurden die gelben, roten, weißen, grünen, rosa und orangen Bärchen gezählt.
   a) Runde die Zahlen auf Hunderter.   b) Zeichne ein Schaubild (👤 für 100).

4. Das Streifenbild zeigt die Länge einiger Flüsse.
   a) Welcher Fluss ist etwa so lang?
      1 200 km   2 700 km   3 700 km   6 200 km
   b) Welche Flusslängen stehen im Lexikon?
      Wurde hier richtig gerundet?

   (Streifenbild: Amazonas, Ganges, Wolga, Rhein)

5. Zeichne für die Flusslängen ein Streifenbild (1 cm für 100 km). Runde auf 10 km.
   a) Mosel 545 km   b) Ruhr 218 km   c) Weser 432 km   d) Wupper 114 km

6. Hier kannst du an der Säulenhöhe ablesen, wie alt einige Tiere werden können (1 mm für 2 Jahre).

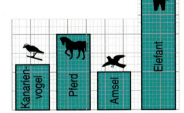

7. So alt können diese Tiere werden. Zeichne Säulen (1 mm für 1 Jahr).
   Hund   ca. 20 Jahre   Goldhamster ca. 3 Jahre
   Schaf   ca. 15 Jahre   Schimpanse   ca. 30 Jahre

8. Zeichne Säulen für die Höhe der Bauwerke. Runde zuerst auf Zehner, dann wähle 1 Kästchenhöhe für 10 m.
   a) Marktkirche in Hannover   98 m   b) Fernsehturm in Berlin   365 m
      Straßburger Münster   142 m   Eiffelturm in Paris   300 m
      Kölner Dom   157 m   Sears Tower Chicago   442 m

1 Zahlen und Daten

Große Zahlen im Zehnersystem

So schrieb Adam Ries(e) 1522 in seinem 2. Rechenbuch die Zahl 86 789 325 178: 86789325178 und in Worten: **sechs und achtzig tausent tausent mal tausent / siebenhundert tausent mal tausent / neun und achtzig tausent mal tausent / Drey hundert tausent / funft und zwenzig tausent / ein hundert und acht und siebentzig.**

Und wie liest man das heute?

Merke:

$1\,000\,000\,000 \xleftarrow{\cdot 1000} 1\,000\,000 \xleftarrow{\cdot 1000} 1000 \xleftarrow{\cdot 1000} 1$

Milliarde (Mrd.)			Million (Mio.)			Tausend (T)					
HMrd.	ZMrd.	Mrd.	HMio.	ZMio.	Mio.	HT	ZT	T	H	Z	E
	8	6	7	8	9	0	0	0	0	0	0

86 Mrd. = 86 000 000 000
789 Mio. =   789 000 000
             86 789 000 000

sechsundachtzig Milliarden siebenhundertneunundachtzig Millionen

Aufgaben

1. Lies die 11-ziffrige Zahl in der obigen Stellenwerttafel. Welchen Vorteil hat die Schreibweise mit Ziffern?

2. Schreibe die Zahlen aus der Stellenwerttafel mit Ziffern in 3er-Blöcken.

HMrd.	ZMrd.	Mrd.	HMio.	ZMio.	Mio.	HT	ZT	T	H	Z	E
					5	6	8	0	4	0	0
		3	4	9	4	3	4	5	5	0	0
7	4	9	5	4	7	5	5	5	0	0	0

   15 Mio. 680 T. 400
   = 15 680 400

3. Lies die Zahlen. Schreibe sie in 3er-Blöcken.

   a) 6122000
      34590000
      79998021

   b) 1234567
      89012345
      987654321

   c) 10203040506
      6200300040
      10987654321

   1034507
   = 1 034 507
   = 1 Mio. 34 T. 507

4. Nach dem 1. Weltkrieg wurde in Deutschland alles sehr teuer. Im Jahr 1923 stieg das Briefporto auf 500 000 Reichsmark. Schreibe die Portopreise auf   a) mit Ziffern   b) in Worten.

5. Die Entfernungen der Planeten von unserer Sonne wurden gemessen (in km).

Erde	150 Mio.	Saturn	1 Mrd. 428 Mio.
Jupiter	778 Mio.	Neptun	4 Mrd. 502 Mio.
Mars	228 Mio.	Pluto	5 Mrd. 917 Mio.
Merkur	58 Mio.	Uranus	2 Mrd. 873 Mio.
Venus	108 Mio.		

   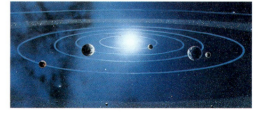

   a) Ordne die Planeten nach ihrer Entfernung von der Sonne.

   b) Schreibe die Kilometerzahlen für die Entfernungen mit Ziffern.

   c) Prüfe: Die Bahn der Venus ist fast doppelt so weit von der Sonne entfernt wie die Bahn des Merkur. Schreibe mindestens drei weitere solche Vergleiche auf.

1 Zahlen und Daten

6. Vor so vielen Jahren lebten die Dinosaurier.
Schreibe zu den Namen die Zahlen in Worten.

7. Schreibe ab und notiere dabei die Altersangaben mit Ziffern in 3er-Blöcken.
Alter der Welt: fünfzehn Milliarden
Erdalter: vier Milliarden fünfhundert Millionen
erste Fischarten: fünfhundert Millionen
erste Säugetiere: zweihundert Millionen
älteste Werkzeuge: zwei Millionen
Mensch (Homo sapiens): dreißigtausend

8. Schreibe die Zahlen in 3er-Blöcken und in Worten.

a)	b)	c)	d)
91000000	100010000	2468000000	2357010000
215690000	10200030000	98765400000	192300000
1022010000	9909900000	109006000000	3741430000

9. Schreibe in 3er-Blöcken, dann runde auf Millionen und schreibe kürzer.

a)	b)	c)
1357924680	2357111317	1087650000
708009010	19232931037	9998500000
20456700000	241434751530	19999876543
3790050000	9080073125	9999999999

```
1234567890
= 1 234 567 890
≈ 1 235 000 000
= 1 Mrd. 235 Mio.
```

10. Die Panzerknacker haben Dagobert Duck eine Million Taler aus dem Tresor gestohlen. Wie viele Säckchen mit je tausend Talern mussten sie dafür schleppen?

11. Die Panzerknacker sind geldgierig und wollen insgesamt eine Milliarde Taler von Dagobert Duck haben. Wie oft müssen sie den Panzerknackerwagen mit einer Million Taler beladen?

12.
a)	b)	c)
10 · 10 Tausend	10 · 3 Mio.	10 · 100 Mio.
100 · 10 Tausend	200 · 4 Mio.	200 · 10 Mio.
200 · 10 Tausend	500 · 2 Mio.	200 · 100 Mio.

```
300 · 10 Mio.
= 3 000 Mio. = 3 Mrd.
```

13. Kleiner, größer oder gleich. Setze ein: <, > oder =.

a)	b)	c)
34 563 654 ■ 345 636 654	300 000 ■ 3 Mio.	30 Mio. ■ 30 · 10 000
1 100 100 ■ 10 100 100	15 000 000 ■ 15 Mrd.	1 Mrd. ■ 1 000 Mio.
99 990 990 ■ 99 999 999	25 000 000 ■ 25 Mio.	10 Mio. ■ 1 000 · 1 000

14. In einem Land gibt es 10 Bundesstaaten.
In jedem Bundesstaat gibt es 10 Ranchen.
Auf jeder Ranch stehen 10 Bäume.
Unter jedem Baum liegen 10 Cowboys.
Jeder Cowboy hat 10 Hunde.
Jeder Hund bewacht 10 Kühe.
Jede Kuh hat 10 Kälbchen.
Jedes Kälbchen hat 10 Bremsenstiche.
Wie viele a) Bäume; b) Cowboys; c) Hunde; d) Kühe; e) Kälbchen; f) Bremsenstiche gibt es?

Schätzen durch Rastern

Merke:

Schätzen:
1. In gleiche Felder unterteilen.
2. Ein Feld auszählen.
3. Multiplizieren mit Feldanzahl.
4. Ergebnis runden.

Beispiel:
12 Felder
44 Baumstämme links oben
$44 \cdot 12 = 528$
rund 530 Baumstämme

Aufgaben

1. Zu welcher Schätzung kommt man, wenn man oben im Beispiel ein anderes der 12 Felder abzählt?
   a) links unten   b) Mitte links   c) Mitte rechts   d) rechts unten   e) rechts oben

2.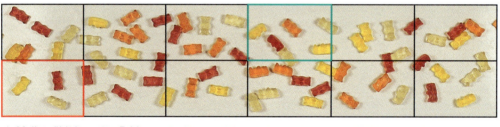

   a) Maike zählt im roten Feld. Welches ist ihr Schätzwert?
   b) Nina zählt im grünen Feld. Welches ist ihr Schätzwert?
   c) Wähle ein anderes Feld und schätze selbst.

3. Blutkörperchen unter dem Mikroskop. Schätze zuerst mit dem Feld links oben, dann mit dem rechts unten.

   a) 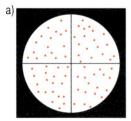 b) 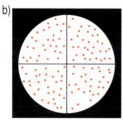 c)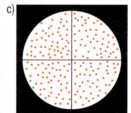

4.

1 Zahlen und Daten

Römische Zahlzeichen

Die Römer benutzten 7 Zahlzeichen.
Diese verwendete man in Europa bis ins 16. Jahrhundert.
Danach erst setzten sich die indisch-arabischen Ziffern
des Zehnersystems durch.

© 1991 LES ÉDITIONS ALBERT RENÉ/GOSCINNY – UDERZO

Merke:

I = 1   V = 5   X = 10   L = 50   C = 100   D = 500   M = 1 000

Regel:
Die Werte der Zahlzeichen werden addiert.
Ausnahmen: Steht I, X oder C links von einem
Zeichen mit größerem Wert, dann wird subtrahiert.

Beispiele:
CCLXVIII = 200 + 50 + 10 + 5 + 3
MMIV = 2000 + (5 − 1)
MCMXC = 1000 + (1000 − 100) + (100 − 10)

Aufgaben

1. Übersetze in unser Zehnersystem.
  a) XXVIII   b) CCLXXV   c) XIV   d) LXIX   e) MDCCCXL
     LXXVI   MDCCLX   CXC   CMXCIV   MMXXVII

2.

Eiffelturm   Tempel in Athen   Tower Bridge   Arc de Triomphe
MDCCCLXXXIX   CDXLVII   MDCCCXCIV   MDCCCXXXVI

3. Schreibe mit römischen Zahlzeichen.
  a) 17   b) 53   c) 713   d) 1 832   e) dein Geburtsjahr
     31   112   832   2 053   die heutige Jahreszahl

4. Am Schloss in Darmstadt findet man nebenstehende Inschrift[1]. Addiere die Werte der großen Buchstaben, dann erhältst du die Jahreszahl der Wiedererbauung.

AB ERNESTO LVDoVICo
LANDGRAVIO HASSIAE
PRAESENS ARX
LoCo ALTERIVS
VVLCANI FVRORE ABREPTAE
EXSTVCTA EST

5. Schreibe die Jahreszahl der Wiedererbauung (Aufg. 4) mit römischen Zahlzeichen richtig auf.

6. Scherzhaftes mit römischen Zahlzeichen.
  a) Die Hälfte von „zwölf" ist „sieben". Wie ist das möglich?
  b) Kannst du mit vier Streichhölzern „tausend" legen?
  c) Zeige mit Streichhölzern: „zwei und eins ist sechs".
  d) Nimm von „neun" eins weg, dann hast du „zehn".

---
[1] Bedeutung des Chronogramms: Von Ernst Ludwig/Landgraf Hessens/wurde diese Burg/an Stelle der anderen/durch Feuer zerstörten/errichtet.

Testen, Üben, Vergleichen

1 Zahlen und Daten

1. Schreibe die Stufenzahlen des Zehnersystems bis 1 Mrd. in Worten.

2. Bis eine Million schreibt man die Zahlworte aneinander. Schreibe in Worten.

   a) 12
   315
   867

   b) 12 300
   324 000
   508 000

   c) 907 000
   1 200 000
   13 400 000

Merke:

Stufenzahlen im Zehnersystem
1   10   100   1000
1 Mio. = 1000 · 1000
1 Mrd. = 1000 · 1 Mio.

3. Schreibe die Zahlen aus der Stellenwerttafel mit den Abkürzungen und in 3er-Blöcken.

4. Schreibe in 3er-Blöcken und lies die Zahlen.

   a) 12034670
   305780129
   7013293710
   9315700008

   b) 1357000890
   37419300000
   210000037900
   343450111111

Stellenwerttafel

Milliarden		Millionen			Tausend			H	Z	E
Mrd.		Mio.			T					
	1	2	0	7	8	9	0	5	3	4	6
1	0	0	2	6	9	0	0	1	4	0	7
		7	3	1	0	0	3	8	7	6	0

12 Mrd. 78 Mio. 905 T. 346 = 12 078 905 346

5. Schreibe die Zahlen mit Ziffern.
   a) dreihundertfünfunddreißig
   b) zwölftausendvierhundertachtzig

6. Zeichne den Zahlenstrahl in dein Heft und ergänze die fehlenden Zahlen.

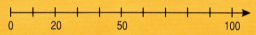

Jede **natürliche Zahl** lässt sich mit den **Ziffern** 0, 1, 2, 3, 4, 5, 6, 7, 8 und 9 schreiben.

Natürliche Zahlen lassen sich vergleichen und ordnen. Am **Zahlenstrahl** liegt von zwei Zahlen die kleinere Zahl links von der größeren.

4 < 7 „4 ist kleiner als 7"
12 > 7 „12 ist größer als 7"

7. a) Lies die Werte ab für A, B, C und D.
   b) Zwischen welchen Zahlen liegt E?

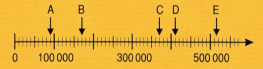

8. Kleiner, größer oder gleich? Setze ein: <, >, =.
   a) 608 ☐ 615   b) 852 ☐ 851   c) 1000 ☐ 10 · 100

9. Runde die Zahlen

   a) auf Tausender   2 307   12 905   39 501
   b) auf Hunderter   491   1 249   9 970
   c) auf Zehner   17   349   1 896

Man **rundet ab**, wenn die nächstfolgende Ziffer 0, 1, 2, 3 oder 4 ist.
Man **rundet auf**, wenn die nächstfolgende Ziffer 5, 6, 7, 8 oder 9 ist.

genaue Zahl	gerundet auf Tausender	gerundet auf Hunderter	gerundet auf Zehner
8 457	8 000	8 500	8 460

10. Runde die Flusslängen auf 10 km. Zeichne ein Diagramm (1 cm für 100 km).
    Rhein   1 325 km   Neckar   371 km
    Mosel   545 km   Lahn   245 km
    Main   524 km   Sieg   130 km

Zahlen kann man in **Diagrammen** darstellen.

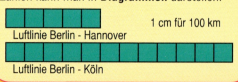

Testen, Üben, Vergleichen

1 Zahlen und Daten

1. Schreibe in 3er-Blöcken und auch mit den Abkürzungen T, Mio. und Mrd.

a) 34567
102003
73500

b) 190000
2034000
900360

c) 23456000
190307050
70003090

d) 12830006000
207008000
15263700100

2. Schreibe mit Ziffern in 3er-Blöcken.

a) dreihunderttausend
b) einhundertsiebenundsiebzigtausend
c) zwanzigtausendfünfhundert
d) fünfzehn Millionen dreihunderttausend

3.

a) Die Buchstaben stehen genau auf den Teilstrichen. Zu welchen Zahlen gehören sie?
b) Die Tiere sitzen zwischen zwei Teilstrichen. Schreibe die beiden zugehörigen Zahlen auf.

4. Ordne die Zahlen. Beginne mit der kleinsten.

a)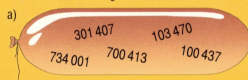

b)

5. Welche Zahlen sind es?

a) um 1 kleiner b) um 1 größer c) um 10 kleiner d) um 10 größer

(1) 400 (2) 279 (3) 501 (4) 399 (5) 301 (6) 807 (7) 989 (8) 1000

6. Runde die Zahlen

a) auf Hunderter: 654, 879, 123, 49
b) auf Tausender: 1239, 7640, 87490, 89510, 190499

7. Zwischen welchen Hundertern liegt die Zahl? Unterstreiche den nächsten Hunderter.

a) 14580   b) 5740   c) 120370   d) 79930   e) 10347   f) 179960

8. In der Zeitung werden die Besucherzahlen in den Fußballstadien angegeben. Runde die angegebenen Zahlen auf Tausender und zeichne ein Diagramm (1 cm für 10 000 Zuschauer).

Olympiastadion Berlin   75 590
Parkstadion Gelsenkirchen   36 510
Westfalenstadion (Dortmund) 43 450
Bökelbergstadion (Mönchengladbach) 32 900

9. Übersetze die römischen Zahlen ins Zehnersystem.

a) XVI   b) XIV   c) CLXVI   d) MDCCCLXV   e) MCMXCIX

10. Zehn Bündel bilden ein Paket. In jedem Bündel sind zehn 100-DM-Scheine.

a) Wie viel Geld ist hier abgepackt?
b) Wie viele solcher Paketschichten sind 1 Mio. DM?

2 Addition und Subtraktion

2 Addition und Subtraktion

Bundesjugendspiele – Leichtathletik
Wettkampfkarte – Mädchen

	SU	EU
Mädchen		
10 Jahre	900	1300
11 Jahre	1050	1450
Jungen		
10 Jahre	1150	1600
11 Jahre	1300	1700

Name und Vorname: Gaby M. 11 Jahre   Gesamtpunkte:

50 m
12,7	12,6	12,5	12,4	12,3	12,2	12,1	**12,0**	11,9	11,8	11,7	11,6	11,5	11,4	11,3	11,2	11,1	**11,0**	10,9	10,8	10,7	10,6	(10,5)	10,4	10,3
3	10	18	26	35	43	51	**60**	69	78	87	96	105	115	124	134	144	**155**	165	176	186	198	(209)	220	232
10,2	10,1	**10,0**	9,9	9,8	9,7	9,6	9,5	9,4	9,3	9,2	9,1	**9,0**	8,9	8,8	8,7	8,6	8,5	8,4	8,3	8,2	8,1	**8,0**	7,9	7,8
244	256	**268**	281	294	309	325	342	359	376	394	412	**430**	449	468	488	508	529	550	572	594	617	**641**	665	689
7,7	7,6	7,5	7,4	7,3	7,2	7,1	**7,0**	6,9	6,8	6,7	6,6	6,5	6,4	6,3	6,2	6,1	**6,0**	5,9	5,8	5,7	5,6			
714	740	767	794	822	851	861	**911**	943	975	1008	1042	1078	1114	1152	1190	1231	**1272**	1315	1359	1405	1452			

Weitsprung
1,15	1,17	1,19	1,21	1,23	1,25	1,27	1,29	1,31	1,33	1,35	1,37	1,39	1,41	1,43	1,45	1,47	**1,51**	1,53	1,55	1,57	1,59	1,61	1,63
3	8	13	18	23	28	33	38	43	47	52	57	62	66	71	76	80	**85**	89	94	98	103	107	112	116
1,65	1,67	1,69	1,71	1,73	1,75	1,77	1,79	1,81	1,83	1,85	1,87	1,89	1,91	1,93	1,95	1,97	**1,99**	**2,01**	2,03	2,05	2,07	2,09	2,11	2,13
120	125	129	133	137	142	146	150	154	158	162	166	171	175	179	183	187	190	**194**	198	202	206	210	214	218
2,15	2,17	2,19	2,21	2,23	2,25	2,27	2,29	2,31	2,33	2,35	2,37	2,39	2,41	2,43	2,45	2,47	2,49	**2,51**	2,53	2,55	2,57	2,59	2,61	2,63
220	225	229	233	236	240	244	247	251	255	258	262	266	269	273	276	280	283	**287**	290	294	297	302	310	316
2,65	2,67	2,69	2,71	2,73	2,75	2,77	2,79	(2,81)	2,83	2,85	2,87	(2,89)	2,91	2,93	2,95	2,97	2,99	**(3,01)**	3,03	3,05	3,07	3,09	3,11	3,13
323	329	336	342	349	355	362	368	(375)	381	388	394	(400)	407	413	419	425	432	**438**	444	450	456	462	469	475
3,15	3,17	3,19	3,21	3,23	3,25	3,27	3,29	3,31	3,33	3,35	3,37	3,39	3,41	3,43	3,45	3,47	3,49	**3,51**	3,53	3,55	3,57	3,59	3,61	3,63
481	487	493	499	505	511	517	523	529	534	540	546	552	558	564	569	575	581	**587**	593	598	604	610	615	621
3,65	3,67	3,69	3,71	3,73	3,75	3,77	3,79	3,81	3,83	3,85	3,87	3,89	3,91	3,93	3,95	3,97	3,99	**4,01**	4,03	4,05	4,07	4,09	4,11	4,13
627	632	638	643	649	655	660	666	671	677	682	688	693	698	704	709	715	720	**725**	731	736	742	747	752	757
4,15	4,17	4,19	4,21	4,23	4,25	4,27	4,29	4,31	4,33	4,35	4,37	4,39	4,41	4,43	4,45	4,47	4,49	**4,51**	4,53	4,55	4,57	4,59	4,61	4,63
763	768	773	779	784	789	794	799	805	810	815	820	825	830	835	841	846	851	**856**	861	866	871	876	881	886
4,65	4,67	4,69	4,71	4,73	4,75	4,77	4,79	4,81	4,83	4,85	4,87	4,89	4,91	4,93	4,95	4,97	4,99	**5,01**	5,03	5,05	5,07	5,09	5,11	5,13
891	896	901	906	911	916	921	926	930	935	940	945	950	955	960	965	969	974	**979**	984	989	993	998	1003	1008
5,15	5,17	5,19	5,21	5,23	5,25	5,27	5,29	5,31	5,33	5,35	5,37	5,39	5,41	5,43	5,45	5,47	5,49	**5,51**	5,53	5,55	5,57	5,59	5,61	5,63
1012	1017	1022	1027	1031	1036	1041	1045	1050	1055	1059	1064	1069	1073	1078	1082	1087	1092	**1096**	1101	1105	1110	1115	1119	1124
5,65	5,67	5,69	5,71	5,73	5,75	5,77	5,79	5,81	5,83	5,85	5,87	5,89	5,91	5,93	5,95	5,97	5,99							
1128	1133	1137	1142	1146	1151	1155	1160	1164	1169	1173	1177	1182	1186	1191	1195	1200	1204							

Schlagball 80 g
3,0	3,5	4,0	4,5	5,0	5,5	6,0	6,5	7,0	7,5	8,0	8,5	9,0	9,5	**10,0**	10,5	11,0	11,5	12,0	12,5	13,0	(13,5)	14,0	14,5	15,0
18	38	57	74	90	106	121	135	149	162	175	187	200	211	**223**	234	245	255	266	276	286	(296)	307	319	331
15,5	16,0	16,5	(17,0)	17,5	18,0	18,5	(19,0)	19,5	**20,0**	20,5	21,0	21,5	22,0	22,5	23,0	23,5	24,0	24,5	25,0	25,5	26,0	26,5	27,0	27,5
342	354	365	(376)	387	398	409	(419)	430	**440**	450	460	470	480	489	499	508	518	527	536	545	554	563	572	580
28,0	28,5	29,0	29,5	**30,0**	30,5	31,0	31,5	32,0	32,5	33,0	33,5	34,0	34,5	35,0	35,5	36,0	36,5	37,0	37,5	38,0	38,5	39,0	39,5	**40,0**
589	598	606	614	**623**	631	639	647	655	663	671	679	687	695	702	710	718	725	733	740	748	755	762	770	**777**
40,5	41,0	41,5	42,0	42,5	43,0	43,5	44,0	44,5	45,0	45,5	46,0	46,5	47,0	47,5	48,0	48,5	49,0	49,5	**50,0**	50,5	51,0	51,5	52,0	52,5
784	791	798	805	812	819	826	833	840	846	853	860	867	873	881	886	893	900	906	**912**	919	925	932	938	944
53,0	53,5	54,0	54,5	55,0	55,5	56,0	56,5	57,0	57,5	58,0	58,5	59,0	59,5	**60,0**	60,5	61,0	61,5	62,0	62,5	63,0	63,5	64,0	64,5	65,0
950	957	963	969	975	981	987	993	1000	1006	1012	1017	1023	1029	**1035**	1041	1047	1053	1058	1064	1070	1076	1081	1087	1093
65,5	66,0	66,5	67,0	67,5	68,0	68,5	69,0	69,5	**70,0**	70,5	71,0	71,5	72,0	72,5	73,0	73,5	74,0							
1098	1104	1109	1115	1120	1126	1132	1137	1143	**1148**	1153	1159	1164	1170	1175	1180	1186	1191							

2 Addition und Subtraktion

Kopfrechnen

Merke:

Addition
Addiere 45 und 30.
45 + 30 = 75
75 ist die **Summe** von 45 und 30.

Subtraktion
Subtrahiere von 75 die Zahl 45.
75 − 45 = 30
30 ist die **Differenz** von 75 und 45.

Aufgaben

1. Berechne die Summe. Schreibe die Aufgabe und das Ergebnis ins Heft.

   a) 30 + 80
   70 + 20
   40 + 90

   b) 50 + 28
   70 + 18
   42 + 30

   c) 64 + 15
   22 + 37
   53 + 24

   d) 28 + 17
   36 + 24
   44 + 37

   e) 420 + 340
   230 + 160
   410 + 280

2. Berechne die Differenz. Schreibe die Aufgabe und das Ergebnis ins Heft.

   a) 90 − 30
   60 − 40
   70 − 50

   b) 86 − 32
   67 − 56
   48 − 25

   c) 80 − 26
   70 − 38
   50 − 17

   d) 45 − 26
   83 − 15
   54 − 38

   e) 460 − 120
   350 − 210
   480 − 160

3. Welche Zahl fehlt hier?

   a) 40 + ■ = 66
   70 − ■ = 57
   80 − ■ = 43

   b) 13 + ■ = 28
   29 + ■ = 50
   37 − ■ = 29

   c) ■ + 17 = 34
   ■ − 22 = 33
   ■ − 34 = 15

   d) ■ − 105 = 25
   135 + ■ = 200
   147 − ■ = 99

4. Kleiner, größer oder gleich? Setze <, > oder = ein.

   a) 15 + 20 ■ 45
   27 − 13 ■ 4

   b) 15 ■ 37 − 22
   63 ■ 21 + 52

   c) 100 − 32 ■ 132 − 62
   15 + 16 ■ 20 + 11

5. Schreibe als Rechenaufgabe mit Lösung in dein Heft.

   a) Berechne die Differenz von 75 und 15.

   b) Addiere die Zahlen 64 und 33.

   c) Addiere 64 und 51.

   d) Subtrahiere von 87 die Zahl 42.

   e) Welchen Wert hat die Summe aus der Zahl 16 und der Zahl 65?

   f) Wie heißt die Differenz aus den Zahlen 89 und 53?

   Bilde die Summe von 24 und 38.
   24 + 38 = 62

6. Fülle alle Schrankfächer mit passenden Aufgaben.

7. Ordne jeder Aufgabe ihren Lösungsbuchstaben zu. Wie heißt das Lösungswort?

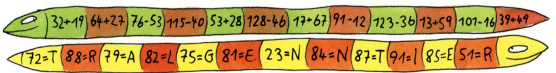

8. Von Waggon zu Waggon wird es schwerer.

9. Berechne:

a) 500 + 400   b) 560 + 400   c) 569 + 400   d) 569 + 440   e) 569 + 441

f) 700 − 300   g) 780 − 300   h) 781 − 300   i) 781 − 350   j) 781 − 356

10. Was verbirgt sich unter dem Klecks? Notiere die vollständige Aufgabe im Heft.

11. Schreibe das „Additions- und Subtraktionswörterbuch" in dein Heft. Findest du noch mehr Wörter?

12.
a) Zähle zu 28 die Zahl 33 hinzu.
b) Vermindere die Zahl 71 um 22.
c) Ziehe von 78 die Zahl 48 ab.
d) Addiere zu 150 die Zahl 103.
e) Rechne zu 36 die Zahl 55 dazu.
f) Füge zu 200 die Zahl 135 hinzu.
g) Vermehre die Zahl 16 um 68.
h) Bilde die Differenz aus 98 und 54.

13. Das Handballspiel zwischen den Cows und den Horses endete 28 zu 33. Wie viele Tore sind während des ganzen Spiels gefallen? Wie groß ist die Tordifferenz?

14. Das Basketballspiel zwischen den Scaters und den Rollers endete 78 zu 123. Mit welchem Punkteunterschied haben die Scaters das Spiel verloren?

2 Addition und Subtraktion

Addition und Subtraktion am Zahlenstrahl

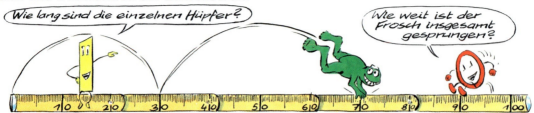

Merke:

Addition   7 + 9 = 16

Subtraktion   16 − 9 = 7

Der Addition entspricht eine Vorwärtsbewegung am Zahlenstrahl.

Der Subtraktion entspricht eine Rückwärtsbewegung am Zahlenstrahl.

Aufgaben

1. Welche Aufgaben sind hier gezeichnet? Schreibe die Rechenaufgabe in dein Heft.

   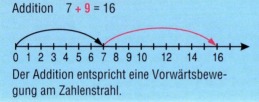
   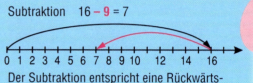

2. Stelle die Aufgabe am Zahlenstrahl dar. Wähle für eine Einheit eine Kästchenbreite.
   a) 6 + 5 b) 17 − 4 c) 4 + 11 d) 14 − 9 e) 2 + 13 f) 12 − 6

3. Welche Aufgaben sind hier gezeichnet? Achte auf den Maßstab!

   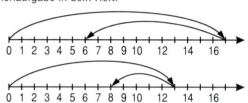

4. Stelle die Aufgaben am Zahlenstrahl dar. Wähle eine Kästchenbreite für 10.
   a) 30 + 90 b) 70 − 50 c) 30 + 80 d) 150 − 70 e) 40 + 60

5. Wie heißt die Aufgabe?

   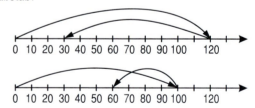

6. a) Ute fährt mit dem Rad am ersten Tag 65 km, am zweiten 53 km und am dritten Tag 47 km.
   b) Kai ist in drei Tagen 168 km gefahren. Am ersten Tag fuhr er 69 km, am zweiten 56 km.
   c) Jan will 175 km in drei Tagen fahren. Gib mindestens drei mögliche Tagesstrecken an.

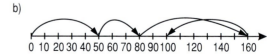

2 Addition und Subtraktion

Operatoren

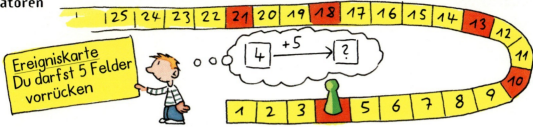

Merke:

Jede Addition oder Subtraktion kann mit **Plus-** oder **Minusoperatoren** geschrieben werden, dazu verwendet man Pfeile.

Beispiele:

$20 \xrightarrow{+7} 27$ $13 \xrightarrow{-6} 7$ $26 \xrightarrow{+5} 31 \xrightarrow{-8} 23$

$20 + 7 = 27$ $13 - 6 = 7$ $(26 + 5) - 8 = 31 - 8 = 23$

Aufgaben

1. a) $36 \xrightarrow{+9} \square$ b) $54 \xrightarrow{-12} \square$ c) $75 \xrightarrow{+25} \square$ d) $97 \xrightarrow{-36} \square$
   e) $48 \xrightarrow{-6} \square$ f) $75 \xrightarrow{+20} \square$ g) $62 \xrightarrow{-23} \square$ h) $23 \xrightarrow{+45} \square$

2. Welcher Plus- oder Minusoperator fehlt hier?
   a) $17 \longrightarrow 30$ b) $30 \longrightarrow 5$ c) $13 \longrightarrow 45$ d) $46 \longrightarrow 33$
   e) $52 \longrightarrow 100$ f) $100 \longrightarrow 66$ g) $24 \longrightarrow 42$ h) $65 \longrightarrow 19$

3. a) $127 \xrightarrow{+3} \square \xrightarrow{+40} \square$ b) $84 \xrightarrow{+16} \square \xrightarrow{-80} \square$ c) $58 \xrightarrow{+12} \square \xrightarrow{+23} \square$
   d) $158 \xrightarrow{-58} \square \xrightarrow{-23} \square$ e) $65 \xrightarrow{-25} \square \xrightarrow{+22} \square$ f) $49 \xrightarrow{+31} \square \xrightarrow{+28} \square$

4. Katrin wohnt in der 3. Etage. Sie fährt sehr gern Fahrstuhl.

   a) Von ihrer Etage fährt sie erst 8 Etagen aufwärts, dann 5 Etagen abwärts und noch 3 Etagen aufwärts. Wen besucht Katrin?
   Stelle die Fahrstuhlfahrt als Operatorkette dar.
   $3 \longrightarrow \square \longrightarrow \square \ldots$

   b) Nach einem Besuch bei Jens fährt Katrin 10 Etagen abwärts, anschließend 7 Etagen aufwärts und danach noch einmal 5 Etagen aufwärts. Wen besucht sie?

Etage	Name
14. Etage	Lisa
12. Etage	Jens
9. Etage	Steffi
5. Etage	Marcus
3. Etage	Katrin

5. Wenn du den Operator zerlegst, rechnest du oft vorteilhafter.
   a) $58 \xrightarrow{+26} \square$ b) $67 \xrightarrow{+48} \square$ c) $24 \xrightarrow{+67} \square$
   d) $116 \xrightarrow{+78} \square$ e) $184 \xrightarrow{+32} \square$ f) $146 \xrightarrow{+28} \square$

   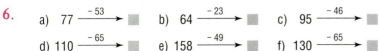

6. a) $77 \xrightarrow{-53} \square$ b) $64 \xrightarrow{-23} \square$ c) $95 \xrightarrow{-46} \square$
   d) $110 \xrightarrow{-65} \square$ e) $158 \xrightarrow{-49} \square$ f) $130 \xrightarrow{-65} \square$

2 Addition und Subtraktion

Umkehroperator

Addiere zu 53 die Zahl 804. Subtrahiere anschließend die Zahl 804.

Lächerlich!

Merke:

Die Subtraktion ist die Umkehrung der Addition und die Addition die Umkehrung der Subtraktion. Zu jedem **Plus-** oder **Minusoperator** gibt es einen **Umkehroperator**.

Beispiele: $46 \xrightleftharpoons[-20]{+20} 66$ $46 + 20 = 66$ $66 - 20 = 46$ $73 \xrightleftharpoons[+15]{-15} 58$ $73 - 15 = 58$ $58 + 15 = 73$

Aufgaben

1. Bestimme die fehlende Zahl und den Umkehroperator.

   a) $24 \xrightleftharpoons[\Box]{+12} \Box$ b) $43 \xrightleftharpoons[\Box]{+17} \Box$ c) $65 \xrightleftharpoons[\Box]{-16} \Box$

   $25 \xrightleftharpoons[-13]{+13} 38$
   $25 + 13 = 38 \quad 38 - 13 = 25$

2. Bestimme den Umkehroperator, dann die fehlende Zahl.

   a) $\Box \xrightleftharpoons[\Box]{+6} 34$ b) $\Box \xrightleftharpoons[\Box]{-8} 12$ c) $\Box \xrightleftharpoons[\Box]{+11} 24$

   $62 \xrightleftharpoons[+20]{-20} 42$
   $42 + 20 = 62 \quad 62 - 20 = 42$

3. Wie viel war es vorher? Bestimme die unbekannte Zahl mithilfe des Umkehroperators.

   a) *Ich habe 28 Murmeln gewonnen. Jetzt habe ich 84 Murmeln.*

   b) *Ich habe gerade 43 DM ausgegeben. Jetzt habe ich nur noch 24 DM.*

   c) *Heute habe ich 27 Seite gelesen. Jetzt bin ich auf Seite 76.*

4. Bestimme Operator und Umkehroperator.

   a) $48 \rightleftharpoons 60$ b) $35 \rightleftharpoons 55$ c) $12 \rightleftharpoons 20$ d) $43 \rightleftharpoons 56$

   e) $75 \rightleftharpoons 100$ f) $46 \rightleftharpoons 22$ g) $15 \rightleftharpoons 28$ h) $84 \rightleftharpoons 54$

5. Bestimme die Umkehroperatoren, dann rechne schrittweise.

   a) $\Box \xrightleftharpoons[\Box]{+30} \Box \xrightleftharpoons[\Box]{+8} 78$ b) $\Box \xrightleftharpoons[\Box]{-20} \Box \xrightleftharpoons[\Box]{-9} 51$

6. Zahlenrätsel. Schreibe mit Operatoren, dann löse.
   a) Petra denkt sich eine Zahl, addiert zuerst 13, dann subtrahiert sie 25 und erhält 100.
   b) Kai subtrahiert von einer Zahl zuerst 18, dann addiert er 21 und nennt 50 als Ergebnis.
   c) Wenn Kati 85 zu ihrer Zahl addiert und anschließend 91 subtrahiert, erhält sie 9.

2 Addition und Subtraktion

7. Wie heißt die gedachte Zahl im Kreis?

8. Wie heißt die gedachte Zahl? Löse das Rätsel mithilfe von Operatoren.
   a) Ich denke mir eine Zahl und addiere 16. Mein Ergebnis lautet 46.
   b) Von meiner gedachten Zahl subtrahiere ich 14. Ich erhalte 45.
   c) Wenn ich von meiner gedachten Zahl 13 abziehe, erhalte ich 51.
   d) Ich denke mir eine Zahl und zähle 21 hinzu. Mein Ergebnis heißt 70.

   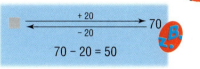

9. Bestimme die unbekannte Zahl mithilfe des Umkehroperators.
   a) ■ + 20 = 70   b) ■ − 11 = 23   c) ■ + 12 = 85
      ■ − 6 = 35   ■ + 24 = 58   ■ − 14 = 31
      ■ + 15 = 40   ■ − 30 = 62   ■ + 40 = 78

10. Wie hoch war das alte Guthaben auf dem Sparbuch?
    a) 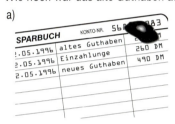   b) 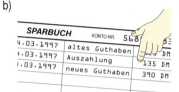   c)

11. Schreibe mit einem Operator, dann berechne die Lösung.
    a) Tina kauft eine Hose für 49 DM. Von ihrer Tante bekommt sie 15 DM dazu. Wie viel DM muss sie selbst zahlen?
    b) Während seiner Kur hat Herr Simson 12 kg abgenommen. Jetzt wiegt er 79 kg. Wie schwer war Herr Simson vor der Kur?
    c) Onkel Theo ist 40 Jahre alt. Er ist 29 Jahre älter als Lars. Wie alt ist Lars?

12. Zeichne das Zahlendreieck in dein Heft und ergänze die fehlenden Zahlen.
    a) 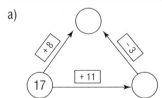   b) 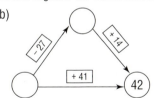   c)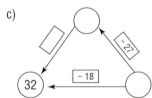

13. Hier fehlen Zahlen und Operatoren (Rechenbefehle).
    a) 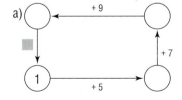   b) 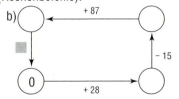   c)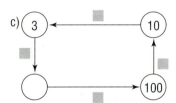

14. Hier gibt es viele Möglichkeiten. Schreibe drei auf.

2 Addition und Subtraktion

Rechenregeln – Rechenvorteile

Merke:
Was in der Klammer steht, wird zuerst ausgerechnet.
Sonst wird schrittweise von links nach rechts gerechnet.

Beispiele:

① 12 − 3 + 2 ② 12 − (3 + 2) ③ 20 − (10 + 2) − 6
= 9 + 2   = 12 − 5   = 20 − 12 − 6
= 11   = 7   = 2

Aufgaben

1. Rechne aus. Berechne zuerst, was in den Klammern steht.
   a) 36 + (17 − 7)   b) (25 + 32) − 17   c) (149 + 51) − 60   d) 14 + (62 − 42) + 20
   e) 65 − (24 + 16) f) 46 + (32 + 18)   g) 52 + (33 + 17)   h) 78 − (23 + 17) − 8

2. Rechne und vergleiche die Ergebnisse. Was stellst du fest?
   a) 28 − (12 + 3)   b) (56 − 16) + 14   c) 48 − (18 − 8)   d) (73 − 23) + 17
      (28 − 12) + 3   56 − (16 + 14)   (48 − 18) − 8   73 − (23 + 17)

3. Wie viel ist es zusammen?

a)    b)

4. Vertausche erst geschickt, dann rechne von links nach rechts.
   a) 73 + 26 + 7   b) 83 + 25 + 75   c) 6 + 39 + 44
   d) 88 + 39 + 12   e) 16 + 67 + 34   f) 45 + 22 + 55

z. B. 73 + 29 + 7
= 73 + 7 + 29 = 80 + 29

5. Auf einem Lastwagen sind schon 39 Säcke Mehl. Es werden noch 28 Säcke aufgeladen. Bei einem Bäcker werden 19 Säcke abgeladen. Wie viele sind dann noch auf dem Wagen?

6. Vertausche, dann rechne.
   a) 39 + 72 − 19   b) 66 + 39 − 36   c) 189 + 58 − 79
   d) 87 + 45 − 37   e) 107 + 78 − 27   f) 205 + 85 − 105

z. B. 39 + 28 − 19
= 39 − 19 + 28 = 20 + 28

7. Herr Koch hat 100 Dosen Hundefutter eingekauft. In der ersten Woche verkauft er 19 Dosen, in der nächsten Woche 21 Dosen. Wie viele Dosen hat er noch?

8. Fasse zuerst zusammen, was subtrahiert wird.
   a) 138 − 92 − 8   b) 200 − 16 − 44   c) 151 − 60 − 50 − 40
      79 − 13 − 7   320 − 65 − 55   199 − 58 − 50 − 42

z. B. 138 − 91 − 9
= 138 − 100

9. So berechnet Ute die Summe der Zahlen von 1 bis 10: (1 + 10) + (2 + 9) + (3 + 8) + (4 + 7) + (5 + 6).
Ergebnis? Kannst du so auch die Summe der Zahlen von 1 bis 20 und sogar von 1 bis 100 berechnen?

2 Addition und Subtraktion

Schriftliches Addieren

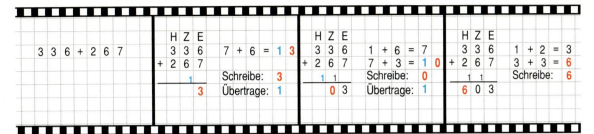

Aufgaben

1. a) 534 + 243 b) 326 + 463 c) 234 + 432 d) 3 062 + 5 826 e) 6 347 + 2 052 f) 49 382 + 30 016

2. Addiere schriftlich. Achte auf den Übertrag.
   a) 357 + 436 + 108 b) 242 + 397 + 432 c) 768 + 156 + 684 d) 2 307 + 885 + 964 e) 5 926 + 2 264 + 581 f) 53 287 + 37 813 + 13 488

3. Berechne die Summen, dann ordne der Größe nach. Du erhältst ein Lösungswort.

   | U 425 + 234 | M 529 + 298 | S 132 + 255 | E 357 + 471 | M 149 + 678 |

4. a) 326 + 258 b) 5 264 + 348 c) 78 + 5 067
   d) 453 + 775 e) 369 + 2 670 f) 432 + 3 624

5. a) 3 594 + 5 489 b) 608 + 2 953 c) 6 389 + 546
   d) 625 + 7 699   e) 3 507 + 438 f) 78 + 4 835

6. Zur Nachmittagsvorstellung am Sonntag besuchten 428 Kinder und 354 Erwachsene den Zirkus. Die Abendvorstellung wurde von insgesamt 812 Personen besucht. Wie viele Zuschauer waren
   a) in der Nachmittagsvorstellung?
   b) insgesamt am Sonntag im Zirkus?

7. a) 12 + 120 + 1 200
      34 + 340 + 3 400
      456 + 4 560 + 45 600
   b) 123 + 1 230 + 12 300
      423 + 4 230 + 42 300
      567 + 5 670 + 56 700

8. a) 35■ + ■43 = 10■5
   b) 58■■ + 2 635 = ■■76
   c) 1 345 + 5 264 = ■■■■
   d) 4■87 + 3■9 = 4 646
   e) 52■ + 683 = ■■■
   f) 2■38 + 46■ = ■53
   g) 284 + 639 = ■■■
   h) 6 666 + ■■■■ = 7 777
   i) 4 567 + 7 654 = ■■■■■
   j) ■26 + 4■3 = 78■

9. Berechne die Summe der kleinsten und größten dreiziffrigen (vierziffrigen) Zahl.

2 Addition und Subtraktion

```
  2 0 6        2 0 6        2 0 6        2 0 6       Überschlagsrechnung:
+ 3 5 8      + 3 5 8      + 3 5 8      + 3 5 8       Runde alle Zahlen so, dass
  4 7 7        4 7 7        4 7 7        4 7 7       du gut im Kopf rechnen kannst.
─────────    ─────────    ─────────    ─────────
                   2           1 2          1 2      206 + 358 + 477
                 1             4 1      1 0 4 1      ≈ 200 + 400 + 500 = 1100
```

Aufgaben

10. Führe erst eine Überschlagsrechnung durch. Rechne auch genau.
a) 358 + 116   b) 564 + 217   c) 236 + 345   d) 4268 + 1267   e) 5982 + 2326   f) 628 + 216

11. a) 463 + 59 + 3608   b) 684 + 3627 + 87   c) 2648 + 2649 + 2650   d) 5384 + 526 + 56

12. Ordne die Ergebnisse der Größe nach. Du erhältst einen Tiernamen.

Balloons:
- K: 506 + 214 + 133
- O: 235 + 157 + 98
- E: 326 + 81 + 538
- C: 326 + 219 + 378
- A: 286 + 194 + 352
- (letzter): 230 + 72 + 479

"Der Größe nach geordnet ein Tiername."

13. Überschlage erst den Rechnungsbetrag. Rechne dann genau.

a) Photo-Blitz
569,– DM
+ 38,– DM
+ 246,– DM

b) Schuh-Land
226,– DM
+ 163,– DM
+ 78,– DM

c) Flotte-Lotte
348,– DM
+ 24,– DM
+ 268,– DM

d) Comput-Freak
639,– DM
+ 109,– DM
+ 218,– DM

14. Reicht das Geld? Wo genügt der Überschlag, wo musst du genau rechnen?

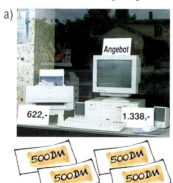

a) 622,–   1.338,–   Angebot   (500 DM, 500 DM, 500 DM, 500 DM)

b) 448,–   289,–   189,–   (500 DM, 500 DM)

c) 59,–   125,–   528,–   (500 DM, 100 DM)

15. Entscheide mit Überschlagsrechnung. Setze ein: < oder >.
a) 75 + 130 + 399 ▧ 700
   209 + 15 + 470 ▧ 800

b) 125 + 609 + 99 ▧ 585 + 412
   95 + 371 + 582 ▧ 489 + 806

2 Addition und Subtraktion

Schriftliches Subtrahieren

| 314 − 68 | 3 1 4
−   6 8
   1
   6 | 8 + **6** = 14
Schreibe 6
Übertrage **1** | 3 1 4
−   6 8
   1 1
   4 6 | 7 + **4** = 11
Schreibe 4
Übertrage **1** | 3 1 4
−   6 8
   1 1
2 4 6 | 1 + **2** = 3
Schreibe 2 | Probe:
  2 4 6
+   6 8
    1
  3 1 4 |

Aufgaben

1. Subtrahiere. Mache die Probe zur Kontrolle.

a) 458 − 23   b) 564 − 261   c) 968 − 427   d) 4 628 − 512   e) 2 357 − 1 024   f) 49 388 − 30 016

2. a) 554 − 36   b) 847 − 392   c) 756 − 278   d) 8 307 − 885   e) 5 901 − 2 294   f) 43 283 − 37 813

3. Schreibe richtig untereinander. Rechne auch die Probe.

a) 354 − 49   b) 634 − 351   c) 5 364 − 538   d) 537 − 58
e) 308 − 137   f) 1 087 − 498   g) 628 − 69   h) 718 − 253

4. a) 4 325 − 627   b) 5 371 − 788   c) 4 584 − 2 873   d) 2 408 − 863
e) 4 247 − 1 360   f) 7 638 − 357   g) 3 523 − 948   h) 2 306 − 1 223

5.

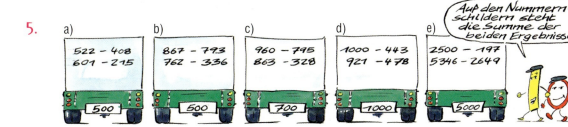

a) 522 − 408; 601 − 215 → 500
b) 867 − 793; 762 − 336 → 500
c) 960 − 795; 863 − 328 → 700
d) 1000 − 443; 921 − 478 → 1000
e) 2500 − 197; 5346 − 2649 → 5000

„Auf den Nummernschildern steht die Summe der beiden Ergebnisse!"

6. Ines hat ein spannendes Buch mit 821 Seiten zu ihrem Geburtstag geschenkt bekommen. Nach einer Woche hat sie bereits 356 Seiten gelesen. Wie viele Seiten hat sie noch vor sich?

7. Familie Ludwig aus Düsseldorf fährt in den Sommerferien zum Chiemsee in Bayern. In Würzburg machen sie Zwischenstation. Wie viel Kilometer müssen sie von Würzburg aus noch fahren?

8. Die Zugspitze ist der höchste Berg Deutschlands, der Montblanc der höchste Berg Europas und der Mount Everest der höchste Berg der Erde.
Wie groß ist der Höhenunterschied von:

a) Zugspitze und Montblanc?
b) Montblanc und Mount Everest?
c) Zugspitze und Mount Everest?
d) Sabine sagt: „Die Summe der Ergebnisse von a) und b) muss das Ergebnis von c) sein." Stimmt das?

2 Addition und Subtraktion

9. Wie hat Udo gerundet? Welcher Rechenweg gefällt dir besser, der von Anna oder der von Mike?

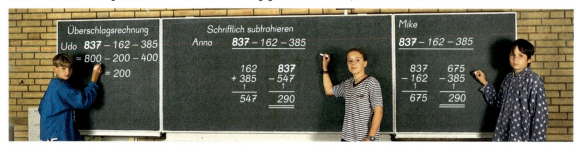

10. Überschlage das Ergebnis. Rechne dann genau.
    a) 789 − 38 − 87
    b) 848 − 246 − 163
    c) 648 − 217 − 328
    d) 1 000 − 305 − 167
    e) 629 − 349 − 78
    f) 946 − 485 − 94
    g) 809 − 65 − 587
    h) 2 000 − 56 − 1 062

11. a) 853 − 75 − 678
    b) 629 − 396 − 182
    c) 648 − 317 − 89
    d) 2 030 − 406 − 789
    e) 609 − 84 − 232
    f) 367 − 52 − 216
    g) 809 − 205 − 169
    h) 3 330 − 2 221 − 1 101

12. Reicht eine Überschlagsrechnung? Setze ein: < oder >.
    a) 1 000 − 290 − 587 ▧ 100
       1 000 − 315 − 405 ▧ 200
    b) 2 000 − 845 − 517 ▧ 700
       2 000 − 1 349 − 278 ▧ 300
    c) 1 560 − 621 − 860 ▧ 200
       3 600 − 999 − 870 ▧ 1 900

13.

    Frau Söhrens hat auf ihrem Konto 12 628 DM. Davon muss sie die Rechnungen bezahlen.
    Wie viel DM verbleiben auf ihrem Konto? Mache erst eine Überschlagsrechnung. Rechne dann genau.

14. Juliane möchte das abgebildete Fahrrad. Auf ihrem Sparbuch hat sie bereits einen Betrag von 476 DM angespart. Zu ihrem Geburtstag bekommt sie von allen Verwandten noch 240 DM geschenkt.
    a) Wie viel Geld besitzt Juliane jetzt?
    b) Wie viel DM fehlen ihr noch für das Fahrrad?

15. Die Firma Falco muss für einen Auftrag 7 450 Faltkartons herstellen. Der Auftrag kann in drei Tagen erledigt werden. Wie viel Faltkartons müssen am dritten Tag noch produziert werden? Überschlage erst und rechne dann genau.

Auftragsbericht Nr.: 234/09		
Datum	Artikel	Menge
3.4.	Kartons	2686
4.4.	Kartons	2328
5.4.	Kartons	

16. Herr Löhr hat leider den Kontoauszug beim Öffnen der Post beschädigt.
    a) Welcher Betrag wurde insgesamt von seinem Konto abgebucht?
    b) Überschlage erst den neuen Kontostand und rechne dann genau.

2 Addition und Subtraktion

Addition und Subtraktion von Geldbeträgen

Merke:

Beim Addieren und Subtrahieren von Geldbeträgen schreibt man **Komma unter Komma**. Dann rechnet man wie mit natürlichen Zahlen.

Beispiel:

100,00 DM − 14,25 DM − 9,89 DM

Überschlag: 100 DM − 10 DM − 10 DM = 80 DM

genau:
```
  14,25 DM          100,00 DM
+  9,89 DM        −  24,14 DM
  24,14 DM           75,86 DM
```

Aufgaben

1. Mache eine Überschlagsrechnung. Dann rechne genau.

a) 137,38 DM + 24,15 DM
b) 64,50 DM − 9,86 DM
c) 7,79 DM + 8,46 DM
d) 263,50 DM − 79,90 DM

2. a) 116,60 DM − 49,89 DM b) 22,93 DM − 9,75 DM c) 1 248,47 DM − 883,92 DM

3. Wie viel DM haben die Schülerinnen und Schüler gespart?

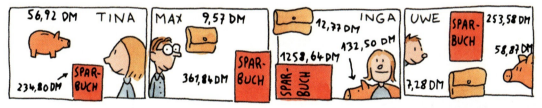

4. Ilona kauft ein T-Shirt für 14,95 DM und ein Paar Jeans für 49,50 DM. Sie bezahlt mit einem 100-DM-Schein. Wie viel DM bekommt sie zurück? Überschlage, dann rechne genau.

Runde beim Überschlag auf ganze DM-Beträge.
14,95 DM *gerundet* 15 DM
49,50 DM *gerundet* 50 DM

5. Überschlage den Rechnungsbetrag. Rechne dann genau.

Ihr Kaufmann	Fahrradfritze	Getränke-Shop	Eisbar	HEIMWERKER
17,48 DM	127,50 DM	12,37 DM	8,75 DM	58,59 DM
9,62 DM	34,85 DM	9,54 DM	4,30 DM	36,99 DM
			3,45 DM	7,85 DM

6. Reicht das Geld? Wie viel DM sind es zu viel oder zu wenig?

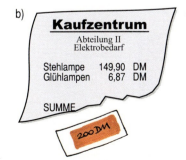

Autorallye

2 Addition und Subtraktion

1. Bei der Autorallye durch Afrika muss der gesamte Rundkurs an 6 Tagen, also in 6 Etappen bewältigt werden.
   a) Wie viel Kilometer sind es vom Start bis zum Ziel?
   b) Welche Länge haben die beiden Bergetappen zusammen?
   c) Um wie viel Kilometer unterscheidet sich die kürzeste von der längsten Etappe?

Am Ziel der ersten Etappe wurden alle Fahrer von einer jubelnden Menschenmenge empfangen. Die Tribüne, ausreichend für 2 647 Personen, war ausverkauft. Auch die kleine Tribüne für 946 Personen war voll besetzt.

Durch den anhaltenden Regen am 2. Tag besuchten weniger Zuschauer als erwartet die Tribünen. Die große Tribüne, ausreichend für 2 067 Personen, wurde nur von 1384 Zuschauern besetzt. Auf der kleinen Tribüne, ausreichend für 728 Personen, blieben 352 Plätze unbesetzt. Im nächsten

2. a) Wie viele Zuschauer haben den Zieleinlauf der ersten Etappe von den Tribünen aus verfolgt?
   b) Wie viele Zuschauer verfolgten das Rennen am 2. Tag von den Tribünen?
   c) Wie viele Karten konnten insgesamt bei der 2. Etappe wegen des Regens nicht verkauft werden?

Autorallye

2 Addition und Subtraktion

Punkteverteilung der drei Siegerteams			
	Nr. 12	Nr. 17	Nr. 33
1. Tag	3 345	2 458	1 986
2. Tag	1 768	2 634	3 648
3. Tag	3 510	4 527	3 218
4. Tag	2 148	1 594	2 480
5. Tag	1 794	1 350	1 651
6. Tag	4 897	4 728	4 328

3. Die Rennleitung muss nun den 1., 2. und den 3. Platz vergeben.
a) Welche Startnummern belegen den 1., 2. und 3. Platz?
b) Welcher Punkteunterschied liegt zwischen dem 1. und dem 3. Platz?
c) Wie war die Reihenfolge der drei Siegerteams nach dem 3. Tag?
d) Nach dem 4. Tag führte überraschend das Team Nr. 15 mit 11 716 Punkten. Wie viel Punkte lag Team Nr. 15 jeweils vor den späteren Siegerteams? (Leider musste Team 15 wegen Motorschaden auf der 5. Etappe aufgeben.)

Testen, Üben, Vergleichen
2 Addition und Subtraktion

1. Bilde die Summe von
   a) 30 und 70   b) 26 und 32   c) 48 und 26

2. Bilde die Differenz von
   a) 90 und 50   b) 75 und 24   c) 52 und 37

3. Addiere zu 37 die Zahl 25.

4. Subtrahiere von 27 die Zahl 18.

5. Rechne aus.
   a) 23 $\xrightarrow{+8}$ ▪   b) 46 $\xrightarrow{+18}$ ▪
   c) 57 $\xrightarrow{-5}$ ▪   d) 63 $\xrightarrow{-15}$ ▪

6. a) 76 $\xrightarrow{+24}$ ▪ $\xrightarrow{+13}$ ▪
   b) 58 $\xrightarrow{-18}$ ▪ $\xrightarrow{-12}$ ▪

7. Bestimme die Zahl mit dem Umkehroperator.
   a) ▪ $\xrightarrow{+35}$ 80   b) ▪ $\xrightarrow{-9}$ 32
   c) ▪ $\xrightarrow{-22}$ 50   d) ▪ $\xrightarrow{+24}$ 78

8. a) ▪ + 37 = 100   b) ▪ − 16 = 14

9. a) 8 − (2 + 5)   b) 20 − (16 − 8) + 10
      14 − (13 − 9)   67 + 33 − (12 + 18)

10. Fasse geschickt zusammen, dann rechne.
    a) 8 + 3 + 7   b) 23 + 16 + 4
       59 + 41 + 27   99 + 11 + 29

11. Wie kannst du vertauschen? Rechne geschickt im Kopf.
    a) 79 + 17 − 9   b) 127 − 73 − 27
       138 + 53 − 38   509 − 91 − 9

12. Führe eine Überschlagsrechnung durch. Rechne anschließend genau.
    a) 274   b) 344   c) 213
      + 126   + 461   + 87

13. a) 372 + 269 + 121   b) 187 + 95 + 231

14. Führe eine Überschlagsrechnung durch. Rechne anschließend genau.
    a) 386   b) 562   c) 354
      − 151   − 237   − 167

15. a) 457 − 153 − 226   b) 584 − 238 − 75
    c) 452 − 80 − 209   d) 626 − 498 − 89

Merke:

Addition
$$25 + 40 = 65$$
65 ist die **Summe** von 25 und 40.

Subtraktion
$$65 − 25 = 40$$
40 ist die **Differenz** von 65 und 25.

Jede Addition oder Subtraktion kann mit **Operatoren** geschrieben werden.

20 $\xrightarrow{+7}$ 27   13 $\xrightarrow{-6}$ 7
20 + 7 = 27   13 − 6 = 7

26 $\xrightarrow{+5}$ 31 $\xrightarrow{-8}$ 23
26 + 5 − 8 = 31 − 8 = 23

Zu jedem **Plus-** oder **Minusoperator** gibt es einen **Umkehroperator**.

46 $\xleftrightarrow[-20]{+20}$ 66   37 $\xleftrightarrow[+11]{-11}$ 26

Was in der Klammer steht, wird zuerst ausgerechnet. Sonst wird von links nach rechts gerechnet.
43 − (13 + 10) = 43 − 23 = 20
43 − 13 + 10 = 30 + 10 = 40

Vorteile durch Vertauschen und Zusammenfassen:

13 + 28 + 7	39 + 18 − 9	126 − 92 − 8
13 + 7 + 28	39 − 9 + 18	= 126 − 100
= 20 + 28	= 30 + 18	

Zur Überschlagsrechnung werden die Zahlen so gerundet, dass man im Kopf rechnen kann.
481 + 233   *Überschlag:* 500 + 200 = 700

Mehrfaches Subtrahieren
543 − 227 − 168
Überschlag: 1. Methode   2. Methode
 500   543   316   227   543
− 200   − 227   − 168   + 168   − 395
− 200   1   11   1   11
 100   316   148   395   148

Testen, Üben, Vergleichen

2 Addition und Subtraktion

1. Übertrage die Tabelle ins Heft und fülle sie aus.

a)
+	20	30	40
32			
47			
56			

b)
−	20	30	40
83			
76			
61			

c)
+	22	32	42
14			
33			
56			

d)
−	24	34	44
98			
86			
57			

2. a) Vermehre die Zahl 13 um 29.   b) Zähle zu 47 die Zahl 25 hinzu.
   c) Vermindere die Zahl 53 um 18.   d) Ziehe von 62 die Zahl 35 ab.

3. Addiere bzw. subtrahiere zuerst die Zehner, dann die Einer.

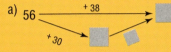
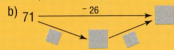
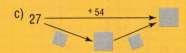

4. Wie heißt die gedachte Zahl?
   a) Ich denke mir eine Zahl und addiere 14. Mein Ergebnis ist 27.
   b) Von meiner gedachten Zahl subtrahiere ich 23. Ich erhalte 36.
   c) Wenn ich von meiner gedachten Zahl 27 abziehe, dann erhalte ich 33.

5. a) 23 + (16 − 4)   b) 18 + 26 − 12   c) (36 + 21) − 23   d) 24 + (32 − 8)
   e) 59 − (13 + 27) f) 31 + (15 + 10) g) 54 + 16 + 19   h) 84 − (33 + 17)

6. Rechne vorteilhaft. Schreibe in Klammern, wie du rechnest.
   a) 28 + 35 + 12   b) 31 + 43 + 9   c) 31 + 127 + 3   d) 14 + 28 + 36

7. a) 27 + 45 + 25   b) 52 − 26 − 24   c) 117 + 136 − 17   d) 127 − 89 − 11

8. Schreibe zuerst die Überschlagsrechnung auf. Dann rechne schriftlich.
   a) 357 + 624   b) 539 − 327 − 134   c) 318 + 364 + 250   d) 2 327 + 1 624
   e) 583 − 287   f) 342 + 263 + 127   g) 752 − 208 − 256   h) 2 573 − 1 341

9. Lena hat ihre Briefmarken gezählt. Sie besitzt 258 deutsche und 87 ausländische Marken. Wie viele Marken hat sie insgesamt?

10. Im vorigen Jahr hat die Schule 426 Schulbücher angeschafft. In diesem Jahr wurden 237 Bücher weniger gekauft. Wie viele Bücher wurden in diesem Jahr gekauft?

11. Julian hat für 23,78 DM Lebensmittel, für 15,30 DM Getränke und für 8,52 DM Schulsachen eingekauft. Wie viel DM hat er ausgegeben?

12. Steffi kauft im Sportgeschäft für 63,65 DM ein. Sie bezahlt mit einem 100-DM-Schein. Überschlage das Restgeld, rechne dann genau.

13. Reicht das Geld? Wie viel DM sind zu viel oder zu wenig?

a) Käse 17,98 DM
   Wurst 7,99 DM

b)
   Fahrrad 449,00 DM
   Helm 79,00 DM

c) T-Shirt 19,50 DM
   Hose 69,00 DM
   Socken 13,90 DM

3 Körper, Flächen, Linien

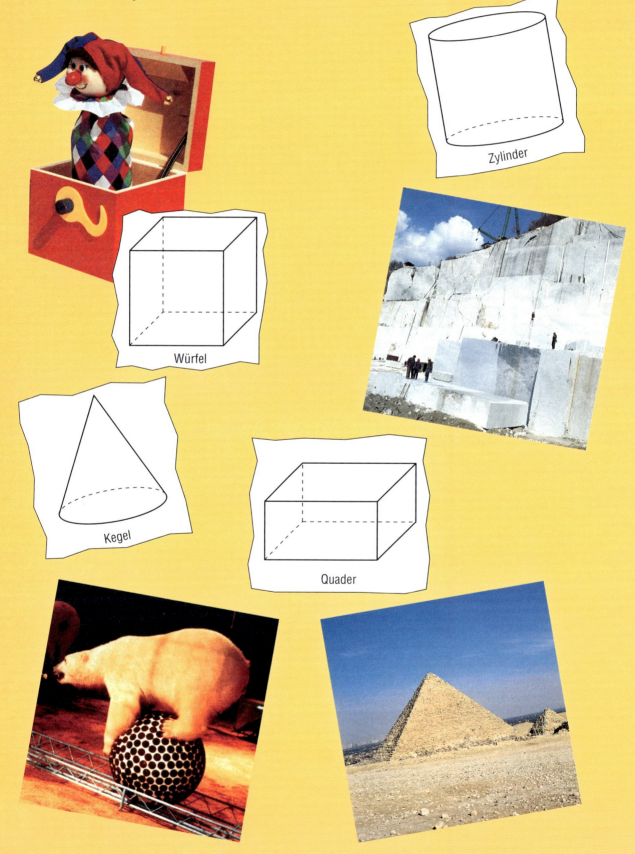

3 Körper, Flächen, Linien

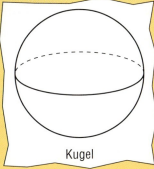

Kugel

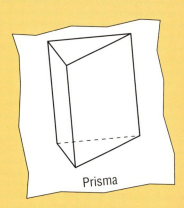

Prisma

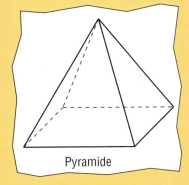

Pyramide

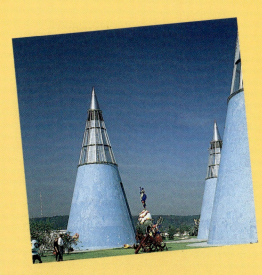

Zylinder
Flächen: 3
Kanten: 2
Ecken: 0

3 Körper, Flächen, Linien

Flächen und Kanten

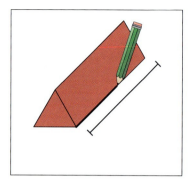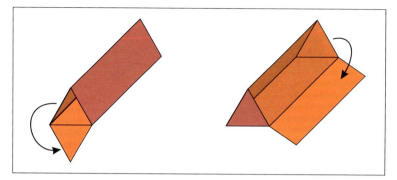

> **Merke:**
> Gerade Kanten eines Körpers heißen Strecken.
> Ebene Flächen eines Körpers sind häufig Dreiecke, Vierecke oder Kreise.

Aufgaben

1. a) Welche Körper auf den beiden vorigen Seiten haben nur gerade Kanten?
   b) Welche Körper haben außer geraden Kanten auch andere (gebogene) Kanten?
   c) Welche Körper haben keine einzige gerade Kante?

2. Zu welchen Körpern können die abgebildeten Flächen gehören?

   a)    b)   c)    d)

3. a) Welche Körper haben nur ebene Flächen?
   b) Welche Körper haben außer ebenen Flächen auch andere (gewölbte) Flächen?
   c) Welche Körper haben keine einzige ebene Fläche?

4. Auf welche Körper trifft die Kennkarte zu?

   | a) Alle zwölf Kanten sind gleich lang. | b) Es gibt zwei kreisförmige Flächen. | c) Es gibt genau 5 Ecken. | d) Es gibt nur eine Ecke. |

5. Verpackte Ware wird im Supermarkt in ein Regal einsortiert und gestapelt.
   Welche Verpackungsform ist besonders günstig, welche weniger günstig? Begründe.
   a) Quader   b) Zylinder   c) Pyramide   d) Würfel   e) Kegel   f) Kugel

6. Auf welche Körper trifft die Kennkarte zu?

   | a) Nur ebene Flächen und jede hat genau 4 Eckpunkte. | b) Nur ebene Flächen und jede hat 3 oder 4 Eckpunkte. | c) Nur gerade Kanten und in jeder Ecke treffen sich drei. | d) Nur gerade Kanten, in einer einzigen Ecke treffen sich vier. |

Senkrecht und parallel

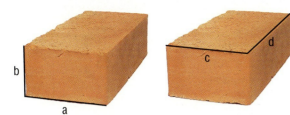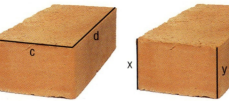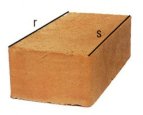

Merke:

Zwei aneinander stoßende Kanten eines Quaders sind **senkrecht** zueinander.
Man schreibt: $a \perp b$ $c \perp d$

Zwei gegenüberliegende Kanten eines Quaders sind **parallel** zueinander.
Man schreibt: $x \parallel y$ $r \parallel s$

Aufgaben

1. Welche der markierten Kanten sind senkrecht zur Kante a, welche sind parallel zu a?

   a)   b)   c)   d)

2. Schreibe ins Heft: senkrecht zueinander ($\perp$) oder nicht ($\not\perp$).

   a) 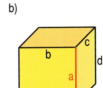 $a \square b$ $x \square y$
   b) 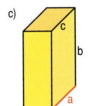 $a \square b$ $x \square y$
   c) 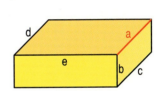 $a \square b$ $b \square c$
   d) $a \square b$ $a \square c$

3. Schreibe ins Heft: parallel zueinander ($\parallel$) oder nicht ($\not\parallel$).

   a) 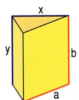 $a \square b$ $x \square y$
   b) 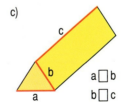 $a \square b$ $x \square y$
   c) $a \square b$ $x \square y$
   d) $a \square b$ $x \square y$

   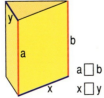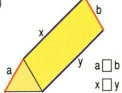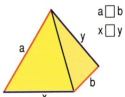

4. Parallele Kanten sollen gleich gefärbt werden, andere nicht. Wie viele Farben braucht man?
   a) Würfel   b) Quader   c) Prisma   d) Pyramide

Basteln von Kantenmodellen

3 Körper, Flächen, Linien

Basteln von Kantenmodellen

Du brauchst
- Trinkhalme auf gleiche Länge geschnitten (8 cm)
- Papier für die Ecken
- Lineal, Bleistift
- Schere, Klebstoff

Du brauchst
- Trinkhalme auf die verschiedenen Längen geschnitten (8 cm, 6 cm, 4 cm)
- Papier für die Ecken
- Lineal, Bleistift
- Schere, Klebstoff

① Schneide die Trinkhalme für Würfel und Quader zu.

Wie viele Trinkhalme? Wie viele Papierecken?

② Fertige die benötigten Papierecken für Würfel und Quader (siehe Film).

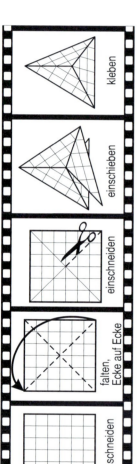

kleben · einschieben · einschneiden · falten, Ecke auf Ecke · ausschneiden · zeichnen

③ Baue die Böden und Decken.

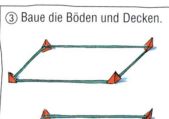

Klebstoff in die beiden unteren Kanten

Trinkhalme **gleich** weit hinein „auf Stoß"

Freie hintere Ecke mit Klebstoff füllen

Warte, bis der Klebstoff getrocknet ist.

④ Klebe die Trinkhalme an den Boden an.

⑤ Endmontage: Setze die Decken auf.

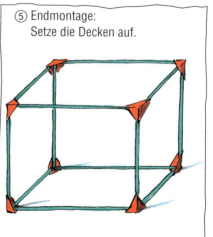

Lotrecht – waagerecht

Merke:

Lotrecht: senkrecht zur Erdoberfläche wie das Lot (Senkblei).
Waagerecht: parallel zur Erdoberfläche wie die Wasserwaage.
Lotrecht und waagerecht sind zueinander senkrechte Richtungen.

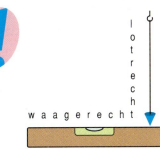

Aufgaben

1. In welchen Handwerksberufen braucht man regelmäßig Wasserwaage oder Senkblei?
   Elektriker   Maurer   Friseur   Zimmermann   Fliesenleger   Schornsteinfeger   Tischler

2. Welche der Dinge sollten waagerecht sein, welche besser nicht? Begründe.
   Abflussleitung   Terrasse   Tischtennisplatte   Zimmerboden   Herdplatte   Zeichentischplatte

3.

   Welche Kanten sind lotrecht, welche waagerecht, welche zueinander senkrecht oder parallel?

4. Bilddetektive an die Arbeit! Der Blick aus dem runden Bullauge ist richtig. Aber im Inneren der Schiffskajüte sind 6 Fehler. Findest du sie alle?

3 Körper, Flächen, Linien

Vermischte Aufgaben

1. Stell dir vor, du sollst aus einer Kartoffel mit einem Messer einen Körper mit ebenen Flächen schneiden. Wie oft musst du (mindestens) schneiden für
   a) einen Würfel;   b) einen Quader;   c) ein Prisma;   d) eine Pyramide?

2. Beide Flächen gehören zu demselben Körper. Was für einer kann es sein?

   a)   b)   c)

3. Von wo blickt man in den Würfel, von vorne, hinten, rechts, links, …?

   a)   b)   c)   d)   e)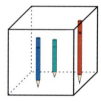

4. Von wo blickt man in den Würfel, von vorne, hinten, rechts, links, …?

   a)   b)   c)   d)   e)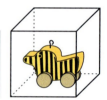

5. Man sagt „Würfel" oder „Kegel", aber ist es wirklich ein Würfel oder Kegel?
   a) Würfelzucker   b) Spielwürfel   c) Suppenwürfel   d) Lichtkegel   e) Kegelbahn

6. Aus einem Stück Draht sollen die Kanten für das Modell eines Körpers geschnitten werden. Wie lang muss das ganze Stück Draht mindestens sein?
   a) Für einen Würfel mit 5 cm Kantenlänge
   b) Für einen Quader mit 4 cm, 8 cm und 3 cm Kantenlängen
   c) Für einen Quader mit 6 cm, 6 cm und 4 cm Kantenlängen

7. Lisa sagt: „Jeder Würfel ist ein Quader, aber nicht jeder Quader ein Würfel." Stimmt das?

8. Prüfe für markierte Kanten: parallel oder senkrecht zueinander, waagerecht oder lotrecht?

   a)    b)    c)

9. Ist ein Blatt Briefpapier eine Fläche oder ein Körper?

3 Körper, Flächen, Linien

Quadrat und Rechteck

Merke:

Quadrat: Fläche eines Würfels
Alle Seiten sind gleich lang.

Rechteck: Fläche eines Quaders
Gegenüberliegende Seiten sind gleich lang.

Im Quadrat und Rechteck sind gegenüberliegende Seiten parallel zueinander.
Benachbarte Seiten sind senkrecht zueinander; sie bilden einen **rechten Winkel** (⌐).

Aufgaben

1. Zwei Karolängen sind 1 cm. Wie lang sind die Seiten
   a) des gezeichneten Rechtecks;
   b) des gezeichneten Quadrates?

2. Zeichne mit dem Lineal auf Karopapier:
   a) ein Quadrat mit 5 cm Seitenlänge;
   b) ein Rechteck mit Seitenlängen von 4 cm und 6 cm.

3. Ein Quader hat die Kantenlängen 3 cm, 4 cm und 5 cm. Wie viele verschiedene Seitenflächen gibt es? Zeichne von jeder Sorte eine auf Karopapier.

4. Wo gibt es in deiner Umgebung rechteckige oder sogar quadratische Flächen? Nenne je fünf Beispiele.

5. Zeichne auf Karopapier (1 cm für 1 m) ein rechteckiges Rasenstück mit 8 m und 6 m Seitenlänge und in der Mitte ein quadratisches Blumenbeet mit 3 m Seitenlänge. Die Seiten des Beetes sind parallel zu den Rasenkanten.

6. Kannst du auf Karopapier ein Quadrat zeichnen, sodass keine seiner Seiten parallel zu Karolinien verläuft?

7.

Bastelanleitung für Würfel und Quader

3 Körper, Flächen, Linien

Bastelanleitung für Würfel und Quader

Würfel

① Zeichne das Netz (Maße beachten) mit Klebelaschen auf Karo.

② Falte und klebe zu einem Würfel.

③ Bevor du den Deckel schließt, kannst du eine Überraschung in den Würfel packen.

Tipp: Karopapier auf Karton kleben!

——— Schneiden
- - - - Falten
░░░░ Kleben

Achtung: Beide Netze sind hier verkleinert!

Quader

① Zeichne das Netz (Maße beachten) mit Klebelaschen auf Karo.

② Falte und klebe zum Quader.

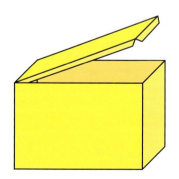

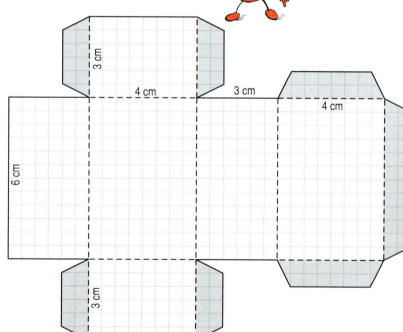

3 Körper, Flächen, Linien

Aufgaben

1. Zeichne das Netz, schneide es aus und falte es zu einem Würfel. Klebe mit Klebeband.

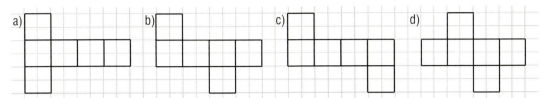

2. Prüfe, ob sich aus dem Netz wirklich ein Würfel falten lässt. Falte nur in Gedanken. Nur wenn du unsicher bist, kontrolliere durch Zeichnen, Ausschneiden und wirklichem Falten.

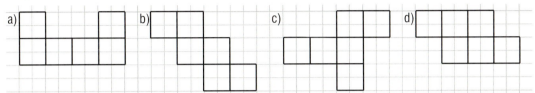

3. Stell dir vor, das Würfelnetz ist mit der Fläche G festgeklebt. Die anderen Flächen werden zu einem Würfel hochgefaltet. Welche Fläche ist dann am Würfel vorne, hinten, links, rechts oder oben? Schreibe wie im Beispiel.

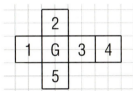

1: links
2: hinten
3: rechts
4: oben
5: vorne

a)
```
    2
1  5  G  3
    4
```

b)
```
1
2  3  G  4
        5
```

c)
```
1
2  4  5  G
3
```

d)
```
1
2  G  3  4
        5
```

e)
```
1  2  G
      3  4  5
```

f)
```
1  2
   G  3  4
        5
```

g)
```
1  2
   3  4  5
   G
```

h)
```
1  2
   3  4  5
            G
```

4. Zeichne das Würfelnetz mit dem farbigen Muster des Würfels (markierte Fläche G unten).

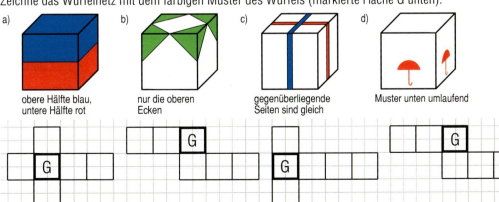

a) obere Hälfte blau, untere Hälfte rot

b) nur die oberen Ecken

c) gegenüberliegende Seiten sind gleich

d) Muster unten umlaufend

3 Körper, Flächen, Linien

5. Zeichne das Netz, schneide es aus, falte es zu einem Quader. Klebe mit Klebeband.

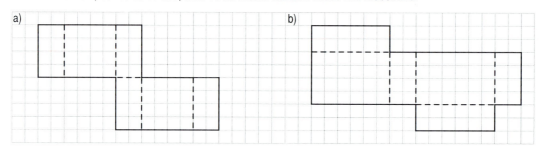

6. Prüfe, ob sich aus dem Netz wirklich ein Quader falten lässt. Falte nur in Gedanken. Nur wenn du unsicher bist, kontrolliere durch Zeichnen, Ausschneiden und wirkliches Falten.

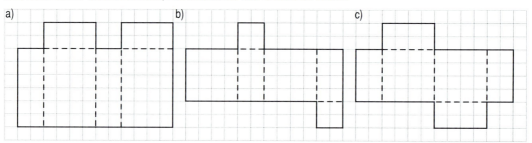

7. Welcher Quader passt zu welchem Netz? Ordne zu.

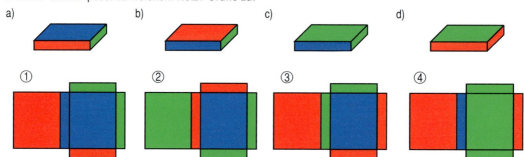

8. Zeichne das Quadernetz und auf ihm das Muster für den abgebildeten Quader.

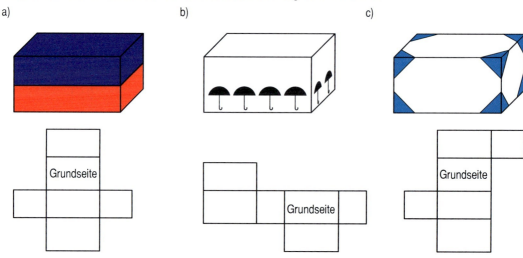

3 Körper, Flächen, Linien

9. Lassen sich weitere Augenzahlen im Würfelnetz eintragen, sodass beim Falten ein Spielwürfel entsteht? Wenn ja, zeichne das Netz und trage die fehlenden Punkte ein. Wenn nein, begründe.

Gegenüberliegende Augenzahlen haben die Summe 7.

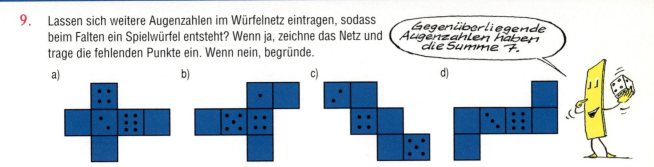

a) b) c) d)

10. Eine quaderförmige Schachtel wird an den markierten Kanten zerschnitten und auseinander gefaltet. Zeichne das so entstehende Quadernetz auf Karopapier für die Kantenlängen 2 cm, 2 cm, 4 cm.

a) b)

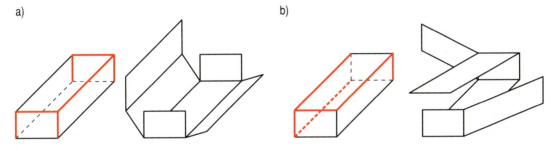

11. Welche Netze passen zu den Würfeln? Ordne jedem Würfel die möglichen Netze zu.

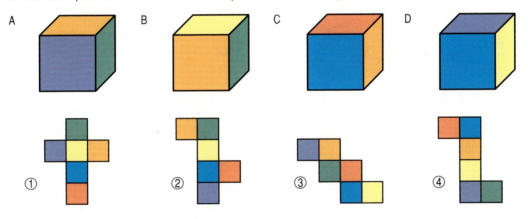

12. Wie viele *quadratische* Flächen kann ein Quader haben, was ist möglich?

13.

Kann man daraus einen Quader falten?

Testen, Üben, Vergleichen
3 Körper, Flächen, Linien

1. Lege eine Tabelle an und fülle sie aus.

Körper	Anzahl der		
	Flächen	Kanten	Ecken
Würfel			
Quader			

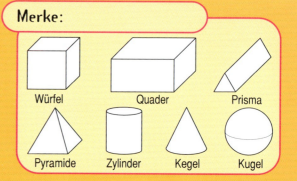

Merke: Würfel, Quader, Prisma, Pyramide, Zylinder, Kegel, Kugel

2. a) Welche Körper haben nur gerade Kanten?
b) Welche Körper haben eine Ecke, in der 4 Kanten aufeinander stoßen?

3. Welche der bezeichneten Kanten sind senkrecht zur Kante a, welche sind parallel zu a?

a)    b)

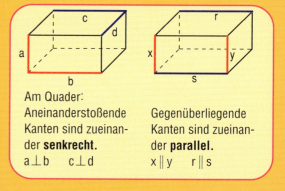

Am Quader:
Aneinanderstoßende Kanten sind zueinander **senkrecht**.
$a \perp b$ $c \perp d$

Gegenüberliegende Kanten sind zueinander **parallel**.
$x \parallel y$ $r \parallel s$

4.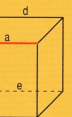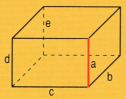

a) Steht das Aquarium waagerecht?
b) Hängt die Uhr lotrecht?

lotrecht: senkrecht zur Erdoberfläche

waagerecht: parallel zur Erdoberfläche

5. Zeichne (auf Karopapier) ein Quadrat mit 4 cm Seitenlänge. Markiere zueinander parallele Seiten jeweils mit gleicher Farbe.

6. Zeichne (auf Karopapier) ein Quadrat mit 4 cm Seitenlänge. Markiere alle rechten Winkel.

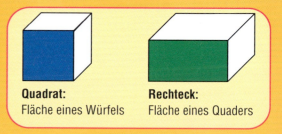

Quadrat: Fläche eines Würfels
Rechteck: Fläche eines Quaders

7. Wie viele quadratische Flächen hat ein Quader mit den Kantenlängen 4 cm, 6 cm und 4 cm?

8. Zeichne das Netz und prüfe, ob sich aus ihm ein Würfel falten lässt.

a) 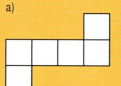   b)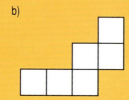

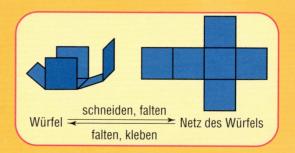

Würfel ⇌ Netz des Würfels (schneiden, falten / falten, kleben)

Testen, Üben, Vergleichen

3 Körper, Flächen, Linien

1. Blickt man von vorne, hinten, rechts, links, oben, unten in den Würfel?

   a)   b)   c)   d)   e)

2. a) Der Körper hat nur rechteckige Flächen.
   b) Drei Flächen sind rechteckig und zwei sind dreieckig.
   c) Eine Fläche ist quadratisch und vier sind dreieckig.
   d) Der Körper hat nur eine einzige Fläche.

3. Welche der bezeichneten Kanten sind senkrecht zur Kante a, welche sind parallel zu a?

   a) 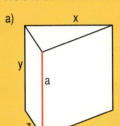 b) 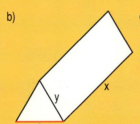 c) 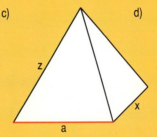 d)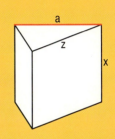

4. Aus einem Stück Draht sollen die Kanten für ein Würfelmodell mit 5 cm Kantenlänge geschnitten werden. Wie lang muss der Draht sein?

5. Aus einem Stück Draht sollen die Kanten für ein Quadermodell mit 4 cm, 6 cm, 8 cm Kantenlänge geschnitten werden. Wie lang muss der Draht sein?

6. Das Würfelnetz ist mit der Fläche G festgeklebt. Die anderen Flächen werden aufgefaltet zu einem Würfel. Welche Fläche ist dann vorne, hinten, oben, rechts oder links?

   a) 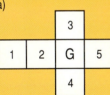 b) 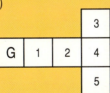 c) 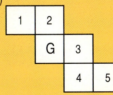 d)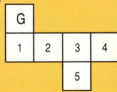

7. a) Zeichne auf Karopapier ein Rechteck mit 3 cm und 6 cm Seitenlänge. Unterteile es mit einer Linie in zwei Quadrate.
   b) Zeichne auf Karopapier ein Quadrat mit 5 cm Seitenlänge. Unterteile es mit zwei Linien in vier Quadrate.

8. Eine quaderförmige Schachtel (2 cm, 3 cm, 4 cm) wird zerschnitten und aufgefaltet. Zeichne das Netz.

   a)   b)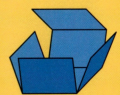

9. Zeichne auf Karopapier ein Rechteck mit 4 cm und 9 cm Seitenlänge. Kannst du es in kleinere Rechtecke zerschneiden, sodass du mit ihnen ein Quadrat legen kannst?

4 Multiplikation und Division

4 Multiplikation und Division

4 Multiplikation und Division

Multiplikation und Division

Merke:

Multiplikation
4 · 8 = 32
32 ist das **Produkt** der Zahlen 4 und 8.

Division
32 : 8 = 4
4 ist der **Quotient** der Zahlen 32 und 8.

Aufgaben

1. Wie viele Punkte sind es? Schreibe als Multiplikationsaufgabe und berechne.

a)   b)   c)   d)   e)   f)

2. Schreibe als Produkt und berechne.
a) 7 + 7 + 7 + 7 + 7 + 7   b) 3 + 3 + 3   c) 8 + 8 + 8 + 8 + 8   d) 6 + 6 + 6 + 6 + 6 + 6 + 6 + 6
e) 5 + 5 + 5 + 5 + 5   f) 9 + 9 + 9 + 9   g) 4 + 4 + 4 + 4 + 4   h) 7 + 7 + 7 + 7 + 7 + 7 + 7

3. Berechne die Produkte.
a) 3 · 6   b) 4 · 8   c) 8 · 3   d) 6 · 6   e) 3 · 9   f) 5 · 8   g) 6 · 7
   5 · 7   2 · 9   7 · 3   9 · 6   7 · 9   9 · 4   8 · 9

3 · 4 = 12
3 und 4 heißen Faktoren.

4. Berechne die Quotienten.
a) 25 : 5   b) 49 : 7   c) 32 : 8   d) 64 : 8   e) 45 : 9   f) 28 : 4   g) 81 : 9
   16 : 4   54 : 6   27 : 3   48 : 6   63 : 7   72 : 9   40 : 5

5. a) Im Videoraum des Museums sind 7 Reihen zu je 9 Sitzplätzen. Wie viele Plätze sind es?
b) Im Lager stehen 6 Reihen zu je 8 Kisten Äpfeln. Wie viele Kisten sind es?
c) Beim Staffellauf starten 7 Mannschaften zu je 4 Kindern. Wie viele Kinder nehmen teil?

6. Schreibe die Rechenaufgaben ins Heft und rechne aus.

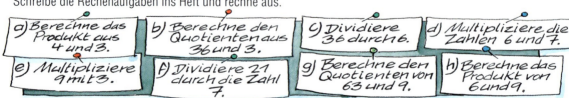

4 Multiplikation und Division

7. Übertrage ins Heft und fülle die freien Felder aus.

a) 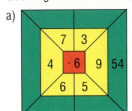 b) 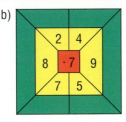 c) 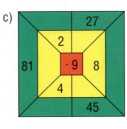 d)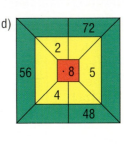

8.
a) 48 : 6 = ▇
▇ : 8 = 3
72 : 8 = ▇

b) 16 : ▇ = 8
▇ : 4 = 7
45 : ▇ = 9

c) ▇ : 5 = 7
36 : ▇ = 4
56 : 7 = ▇

d) 81 : 9 = ▇
▇ : 7 = 6
27 : ▇ = 3

9.
a) Verdopple die Zahl 60.
b) Dividiere 56 durch 8.
c) Bilde das Produkt aus 8 und 9.
d) Berechne das Dreifache von 25.
e) Multipliziere die Zahlen 6 und 7.

10.
a) Bilde den Quotienten aus 48 und 6.
b) Berechne ein Viertel von 36.
c) Wie groß ist der 10. Teil von 80?
d) Halbiere die Zahl 52.
e) Berechne das 10fache von 7.

Multiplikations- und Divisionswörterbuch.

„mal"
malnehmen
multiplizieren
Produkt berechnen
verdoppeln
verdreifachen
vervielfachen
das Doppelte berechnen
das Dreifache berechnen
das 9-fache berechnen

„geteilt durch"
aufteilen, verteilen
dividieren
Quotient berechnen
halbieren
dritteln
teilen
die Hälfte berechnen
ein Drittel berechnen
den 9-ten Teil berechnen

11. Wie viele sind es? Schreibe als Rechenaufgabe und rechne aus.
a) Benjamin hat 200 Sticker. Seine Schwester Anna besitzt doppelt so viele.
b) In Julias Klasse sind 27 Kinder. Ein Drittel davon fährt mit dem Bus zur Schule.
c) Indra hat 24 Modellautos. Den vierten Teil davon schenkt sie ihrem kleinen Bruder.
d) Auf einer Maxi-Single sind 4 Titel. Eine Doppel-CD hat 9-mal so viele.

Geht alles im Kopf.

12.
a) 32 Spielkarten werden unter 4 Spielern gleichmäßig aufgeteilt.
b) Timo möchte sich eine CD für 18 DM kaufen. Seine Mutter sagt: „Ich gebe dir die Hälfte."
c) Christina ist 9 Jahre alt. Ihre Mutter ist viermal so alt.
d) Claudia bekommt im Monat 30 DM Taschengeld. Ein Fünftel davon gibt sie für Süßigkeiten aus.

13.
a) Eine Packung Kaugummi enthält 7 Streifen, eine Großpackung die dreifache Menge. Wie viele sind es?
b) Herr Heger hat 60 DM gewonnen. Ein Zehntel schenkt er seiner Tochter. Wie viel DM bekommt sie?
c) Oma Kruse verteilt 56 Äpfel gerecht an 8 Nachbarkinder. Wie viele Äpfel bekommt jedes Kind?

14. Rechne aus. Einige Aufgaben kannst du nicht lösen, welche sind es?
a) 7 · 1   b) 0 · 9   c) 0 · 1   d) 1 : 1   e) 0 : 1
   1 : 6   10 : 0   7 : 0   1 : 9   8 : 8
   7 : 1   0 · 0   9 : 1   0 · 4   0 : 0

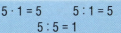
5 · 1 = 5   5 : 1 = 5
      5 : 5 = 1
0 · 5 = 0   0 : 5 = 0

15. Das Ergebnis ist falsch, begründe mit der Probe durch Multiplikation.
a) 8 : 0 = 0 *f*   b) 9 : 0 = 9 *f*   c) 70 : 0 = 7 *f*

5 : 0 „geht nicht": **Durch null kann man nicht dividieren.**

4 Multiplikation und Division

Halbschriftliches Multiplizieren

Aufgaben

1. a) 5 · 13   b) 7 · 12   c) 2 · 19   d) 4 · 16   e) 8 · 13
   3 · 18   3 · 14   5 · 17   6 · 15   6 · 18

2. a) ▨ · 12 = 72   b) ▨ · 15 = 75   c) ▨ · 18 = 54   d) ▨ · 16 = 128
   ▨ · 15 = 105   ▨ · 13 = 52   ▨ · 14 = 28   ▨ · 17 = 153

3. Ordne die Ergebnisse der Größe nach, das Kleinste zuerst, und du bist schnell am Ziel.

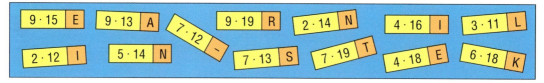

4. Am Fußballturnier des SC Bad Salzuflen nehmen 8 Mannschaften teil. Jede Mannschaft tritt mit 13 Spielern an. Wie viele Spieler sind am Turnier beteiligt?

5. Am Eishockeyturnier nehmen 6 Mannschaften teil. Alle haben dieselbe Anzahl Spieler, insgesamt 90 Spieler.

6. Eine Blumenhändlerin hat ein Bund mit 120 Rosen. Wie viele Sträuße mit 15 Rosen kann sie binden?

7. a) Ein Band Ponygeschichten kostet 17 DM. Kirsten möchte 4 Bände kaufen. Wie teuer ist das?
   b) Birgit kauft 6 CDs zu jeweils 12 DM. Wie viel muss sie dafür zahlen?
   c) Eine Hafenrundfahrt kostet 16 DM. Familie Weber nimmt mit 4 Personen teil.

8.

   Wie viel kostet der Eintritt für mehrere Personen?
   a) Zirkus: 4 Pers.   b) Zoo: 5 Pers.   c) Kino: 8 Pers.   d) Freizeitpark: 7 Pers.
   e) Kino: 3 Pers.   f) Freizeitpark: 4 Pers.   g) Zoo: 6 Pers.   h) Zirkus: 9 Pers.

4 Multiplikation und Division

9. Rechne halbschriftlich wie im Beispiel.

a) 3 · 36   b) 4 · 26   c) 6 · 48
   2 · 59   4 · 53   5 · 69

d) 4 · 89   e) 7 · 28   f) 9 · 37
   3 · 77   8 · 33   4 · 68

7 · 43
= 280 + 21
= 301

zuerst: 7 · 40 = 280
dann: 7 · 3 = 21
zuletzt: addieren

10. a) 5 · 83   b) 3 · 94   c) 9 · 43   d) 8 · 56   e) 7 · 84   f) 4 · 96
       6 · 47   7 · 38   4 · 74   6 · 76   9 · 67   6 · 58

11. Ordne jeder Aufgabe den richtigen Buchstaben zu. Du erhältst einen angenehmen Schultag.

6 · 52	3 · 88	9 · 47	8 · 76	7 · 46	4 · 82	3 · 93	7 · 77	5 · 49
264 A	322 E	312 W	608 D	245 G	423 N	539 A	279 T	328 R

12. Ausflug zum Hermannsdenkmal nach Detmold. Die 53 Schülerinnen und Schüler der 5er-Klassen der Lohfeldschule fahren zusammen.

a) Für die Fahrt zahlt jeder Schüler 7 DM. Wie viel DM sind es für alle zusammen?

b) Eine Besteigung des Denkmals kostet pro Person 3 DM. Wie viel DM sind insgesamt zu zahlen?

c) Herr Rösler spendiert den 26 Schülerinnen und Schülern seiner Klasse je einen Eisbecher zu 4 DM. Wie hoch ist die Rechnung?

13. Ein Kegelclub fährt mit 8 Personen nach Berlin. Bezahlt wird aus der Kegelkasse. Wie viel DM sind jeweils zu zahlen?

a) Eine Stadtrundfahrt kostet 29 DM pro Person.

b) Eine Theaterkarte kostet 68 DM.

c) Ein Ausflug nach Potsdam kostet für eine Person 33 DM.

14. Frau Nolte fährt täglich 38 km zur Arbeit und zurück. Wie viel km sind das an 5 Arbeitstagen?

15. Ordne die Ergebnisse der Größe nach, das Kleinste zuerst, und schon geht es los.

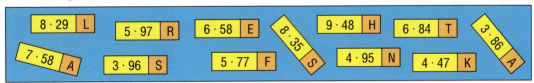

8 · 29 L   5 · 97 R   6 · 58 E   8 · 35 S   9 · 48 H   6 · 84 T   3 · 86 A
7 · 58 A   3 · 96 S   5 · 77 F   4 · 95 N   4 · 47 K

16. Wie viel DM kostet 1 Woche (= 7 Tage) Aufenthalt?

Schöne Aussicht
Übernachtung mit Frühstück
47 DM pro Tag

Haus Edelweiß
Übernachtung mit Frühstück
54 DM pro Tag

Pension Huber
Übernachtung mit Frühstück
68 DM pro Tag

4 Multiplikation und Division

Operatoren

Merke:

Auch bei Multiplikation und Division verwendet man die Operatorschreibweise.
Die eine Operation ist die Umkehroperation der anderen.

$5 \xrightleftharpoons[:3]{\cdot 3} 15 \qquad 27 \xrightleftharpoons[\cdot 9]{:9} 3$

Aufgaben

1.
a) $6 \xrightarrow{\cdot 9} \blacksquare$
b) $4 \xrightarrow{\cdot 7} \blacksquare$
c) $72 \xrightarrow{:8} \blacksquare$
d) $63 \xrightarrow{:9} \blacksquare$
e) $7 \xrightarrow{\cdot 8} \blacksquare$
f) $5 \xrightarrow{\cdot 9} \blacksquare$
g) $36 \xrightarrow{:6} \blacksquare$
h) $65 \xrightarrow{:5} \blacksquare$
i) $8 \xrightarrow{\cdot 9} \blacksquare$
j) $6 \xrightarrow{\cdot 8} \blacksquare$
k) $36 \xrightarrow{:4} \blacksquare$
l) $64 \xrightarrow{:8} \blacksquare$

2.
a) $2 \xrightarrow{\cdot 5} \blacksquare \xrightarrow{\cdot 17} \blacksquare$
b) $48 \xrightarrow{:8} \blacksquare \xrightarrow{:3} \blacksquare$
c) $5 \xrightarrow{\cdot 16} \blacksquare \xrightarrow{:2} \blacksquare$
d) $6 \xrightarrow{\cdot 4} \blacksquare \xrightarrow{\cdot 10} \blacksquare$
e) $75 \xrightarrow{:5} \blacksquare \xrightarrow{:5} \blacksquare$
f) $72 \xrightarrow{:12} \blacksquare \xrightarrow{\cdot 8} \blacksquare$
g) $42 \xrightarrow{:7} \blacksquare \xrightarrow{\cdot 5} \blacksquare$
h) $60 \xrightarrow{:15} \blacksquare \xrightarrow{\cdot 4} \blacksquare$
i) $9 \xrightarrow{\cdot 4} \blacksquare \xrightarrow{:2} \blacksquare$

3. Bestimme zuerst den Umkehroperator und dann die gesuchte Zahl.

a) $\blacksquare \xrightleftharpoons{\cdot 5} 35$
b) $\blacksquare \xrightleftharpoons{:8} 4$
c) $\blacksquare \xrightleftharpoons{\cdot 7} 49$
d) $\blacksquare \xrightleftharpoons{\cdot 3} 36$
e) $\blacksquare \xrightleftharpoons{\cdot 6} 42$
f) $\blacksquare \xrightleftharpoons{:6} 9$
g) $\blacksquare \xrightleftharpoons{\cdot 9} 63$
h) $\blacksquare \xrightleftharpoons{:15} 9$
i) $\blacksquare \xrightleftharpoons{\cdot 7} 84$
j) $\blacksquare \xrightleftharpoons{\cdot 12} 108$
k) $\blacksquare \xrightleftharpoons{:9} 5$
l) $\blacksquare \xrightleftharpoons{\cdot 5} 17$

4. Löse mit den Umkehroperatoren.

a) $\blacksquare \xrightarrow{\cdot 2} \blacksquare \xrightarrow{\cdot 8} 48$
b) $\blacksquare \xrightarrow{:9} \blacksquare \xrightarrow{:3} 3$
c) $\blacksquare \xrightarrow{\cdot 2} \blacksquare \xrightarrow{\cdot 3} 24$
d) $\blacksquare \xrightarrow{:7} \blacksquare \xrightarrow{:5} 2$
e) $\blacksquare \xrightarrow{\cdot 4} \blacksquare \xrightarrow{\cdot 5} 100$
f) $\blacksquare \xrightarrow{:3} \blacksquare \xrightarrow{:2} 25$

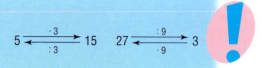

5. Wie heißt die gesuchte Zahl? Schreibe zuerst mit Operatoren.

a) $\blacksquare \cdot 4 = 16$
b) $\blacksquare : 4 = 19$
c) $125 : \blacksquare = 25$
d) $\blacksquare \cdot 18 = 54$
e) $\blacksquare : 12 = 6$
f) $56 : \blacksquare = 7$
g) $\blacksquare \cdot 16 = 144$
h) $\blacksquare : 7 = 15$
i) $17 \cdot \blacksquare = 119$

$\blacksquare \cdot 12 = 48$

$\blacksquare \xrightleftharpoons[:12]{\cdot 12} 48$

$4 \cdot 12 = 48$

6. Wie heißt die gesuchte Zahl? Löse mit dem Umkehroperator.

a) Wenn man die gesuchte Zahl verdoppelt, erhält man 18.
b) Der sechste Teil der gesuchten Zahl ist 4.
c) Multipliziert man die gesuchte Zahl mit 7, erhält man 56.
d) Dividiert man die gesuchte Zahl durch 5, erhält man 9.
e) Das Dreifache der gesuchten Zahl ist 24.
f) Ein Viertel der gesuchten Zahl ist 9.
g) Das Achtfache der gesuchten Zahl ist 72.
h) Wird die gesuchte Zahl durch 9 dividiert, erhält man 15.

4 Multiplikation und Division

Kopfrechnen mit Zehnern, Hundertern und Tausendern

Merke:

Eine Zahl wird mit 10, 100 oder 1000 multipliziert, indem man 1, 2 oder 3 Nullen anhängt.

7 · 10 = 70   7 · 100 = 700   7 · 1000 = 7000

Eine Zahl wird durch 10, 100 oder 1000 dividiert, indem man 1, 2 oder 3 Endnullen weglässt.

3000 : 10 = 300   3000 : 100 = 30   3000 : 1000 = 3

Aufgaben

1. Multipliziere jede Zahl mit 10, 100 und 1000.
   a) 4   b) 18   c) 30   d) 92   e) 300   f) 240   g) 547

2. Dividiere jede Zahl durch 10, 100 und 1000.
   a) 8000   b) 2000   c) 90000   d) 74000   e) 46000   f) 300000   g) 472000

3. Berechne ein Zehntel (den zehnten Teil).
   a) 60   b) 520   c) 780   d) 500   e) 7300   f) 5000   g) 12500

4. Schreibe das Ergebnis in Ziffern und in Worten.
   a) 700 · 100   b) 600 · 1000   c) 3000 · 1000   d) 90000 · 10000
   55 · 1000   780 · 1000   4200 · 1000   7000 · 100000

5. a) 800 : ■ = 8   b) 700 · ■ = 7000   c) 30000 : ■ = 300   d) 400 · ■ = 40000
   ■ : 100 = 25   ■ · 10 = 20000   ■ : 1000 = 70   ■ · 1000 = 30000

6. Multipliziere schrittweise.
   a) 3 · 40   b) 9 · 200   c) 60 · 50   d) 80 · 30
   7 · 300   8 · 30   40 · 400   50 · 300
   4 · 6000   5 · 5000   80 · 7000   40 · 9000

   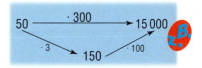

7. Dividiere schrittweise.
   a) 2400 : 80   b) 3600 : 200   c) 6300 : 90
   3500 : 70   8100 : 900   45000 : 50
   4200 : 60   3200 : 800   28000 : 700

   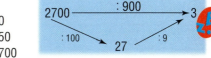

8. a) 20 · ■ = 800   b) 2700 : ■ = 30   c) 500 · ■ = 2000   d) 14000 : ■ = 700
   ■ · 60 = 3000   ■ : 9 = 700   ■ · 70 = 5600   ■ : 600 = 900

4 Multiplikation und Division

Rechenregeln

Merke:

Was in Klammern steht, wird zuerst berechnet.

Punktrechnung (· und :) geht vor Strichrechnung (+ und –).

Sonst wird von links nach rechts gerechnet.

Beispiele:

48 : (17 – 9) = 48 : 8 = 6   81 : 9 + 5 · 7 = 9 + 35 = 44   64 – 40 – 7 = 24 – 7 = 17

Aufgaben

1. a) 4 · (13 + 7)   b) 5 · (33 – 27)   c) 64 : (6 + 2)   d) 60 : (49 – 29)   e) 24 : (8 + 4)
   7 · (32 + 68)   7 · (65 – 56)   100 : (26 + 24)   800 : (26 – 18)   200 : (68 – 18)

2. a) (7 + 8) · (12 + 8)   b) (23 – 19) · (38 – 26)   c) (21 + 27) : (17 – 9)   d) (53 + 47) · (33 – 27)
   (23 + 27) · (22 – 18)   (37 – 29) · (3 + 5)   (64 – 8) : (23 – 16)   (42 – 34) · (25 + 15)

3. a) 8 · (17 – 11) P   6 · (18 – 9) L   180 : (38 + 52) N   48 : (32 – 24) E   5 · (6 + 5) A
   b) (2 + 5) · (19 – 13) D   (39 – 12) : (17 – 14) E   (30 + 34) : (17 – 9) N   (12 + 13) · (7 + 13) A   (18 – 9) · (23 – 17) N

   Der Größe nach ein Gebirge.
   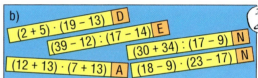

4. a) 38 + 5 · 9   b) 95 – 5 · 7   c) 42 + 64 : 8   d) 85 – 36 : 6   e) 34 + 5 · 7
   49 + 4 · 6   78 – 6 · 8   37 + 27 : 9   72 – 56 : 8   68 – 6 · 4

5. a) 3 · 4 + 5 · 7   b) 9 · 7 – 4 · 8   c) 45 : 9 + 24 : 8   d) 81 : 9 – 64 : 8   e) 5 · 6 + 9 · 7
   8 · 9 + 3 · 8   8 · 6 – 5 · 5   54 : 6 + 42 : 7   72 : 9 – 42 : 6   7 · 8 – 5 · 7

6. a) 9 + 7 · 8 N   140 : 7 – 4 · 4 R   98 – 9 · 9 K   21 + 60 : 10 E   12 + 72 : 9 C   45 – 4 · 9 A
   b) 9 · 6 – 49 : 7 N   9 · 7 – 40 : 8 A   63 : 3 – 3 · 5 S   7 · 8 – 4 · 6 G   6 · 10 + 2 · 7 G   45 : 9 + 64 : 8 E

   Der Größe nach ein...

7. a) 120 – 60 – 12   b) 56 : 8 · 9   c) 3 · 12 : 9   d) 78 + 22 – 39   e) 180 – 90 – 17
   48 : 6 · 4   80 – 26 – 30   28 + 22 – 39   4 · 14 : 8   49 : 7 · 14
   25 · 3 : 15   75 – 35 + 19   65 : 13 · 12   92 – 22 – 45   5 · 16 : 20

8. a) 14 + 3 · (18 – 11)   b) (35 – 14) + 6 · (19 – 12)
   15 – 48 : (32 – 26)   56 : 7 – (13 – 8)
   c) 13 + 84 : (12 – 5)   d) (76 + 24) : 5 + 3 · 8
   87 – 5 · (34 – 22)   3 · (7 · 9 – 6 · 8)

   15 + 36 : (15 – 3)
   = 15 + 36 : 12
   = 15 +   3   = 18

9. Kannst du jede Zahl von 0 bis 10 mit Rechenzeichen +, –, ·, : und genau vier Vieren schreiben? Die Null lässt sich z. B. so schreiben: 0 = 44 – 44 oder 0 = 4 : 4 – 4 : 4.

Vorteilhaftes Rechnen

Beispiele:

Verschiedene Rechenwege, dasselbe Ergebnis:

5 · 6 · 2	5 · 6 · 2	5 · 6 + 2 · 6	5 · 6 + 2 · 6
= 5 · 2 · 6	= 30 · 2	= 30 + 12	= (5 + 2) · 6
= 10 · 6 = 60	= 60	= 42	= 7 · 6 = 42

Aufgaben

1. a) 2 · 5 · 39   b) 4 · 25 · 19   c) 4 · 8 · 125   d) 7 · 20 · 5
        58 · 5 · 2   32 · 25 · 4   125 · 8 · 9   9 · 8 · 5
        67 · 2 · 5   18 · 8 · 25   7 · 25 · 4   6 · 4 · 5

2. a) 5 · 93 · 2   b) 4 · 82 · 25   c) 125 · 14 · 8   d) 20 · 47 · 5
        2 · 17 · 5   25 · 91 · 4   8 · 19 · 125   5 · 31 · 4
        5 · 53 · 2   4 · 69 · 25   125 · 31 · 8   50 · 8 · 20

3. Rechne auf zwei verschiedene Arten (ohne und mit Ausklammern).
    a) 5 · 3 + 7 · 3   b) 5 · 8 + 4 · 8   c) 13 · 5 − 3 · 5   d) 20 · 6 − 7 · 6
        6 · 7 + 5 · 7   15 · 6 + 5 · 6   12 · 9 − 3 · 9   15 · 4 − 5 · 4
        3 · 4 + 6 · 4   4 · 7 + 7 · 7   7 · 11 − 4 · 11   13 · 7 − 12 · 7

4. Wähle den leichteren Rechenweg.
    a) 20 · 3 + 9 · 3   b) 28 · 14 + 12 · 14   c) 28 · 13 − 26 · 13   d) 80 · 8 − 12 · 8
        16 · 7 + 14 · 7   30 · 12 + 7 · 12   20 · 17 − 3 · 17   13 · 15 − 11 · 15
        4 · 8 + 9 · 8   16 · 13 + 14 · 13   56 · 16 − 54 · 16   40 · 7 − 15 · 7

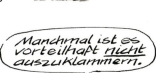

5. Rechne auf zwei verschiedene Arten.
    a) (7 + 8) · 3   b) (12 + 8) · 7   c) (9 − 7) · 11   d) (16 − 6) · 5
        (9 + 6) · 4   (5 + 3) · 9   (8 − 6) · 7   (20 − 8) · 4
        (4 + 8) · 5   (3 + 12) · 4   (9 − 5) · 15   (18 − 7) · 6

6. Wähle den leichteren Rechenweg.
    a) (67 + 23) · 8   b) (75 + 25) · 13   c) (40 − 3) · 7   d) (60 − 3) · 4
        (24 + 16) · 7   (200 − 9) · 5   (27 + 13) · 8   (36 − 16) · 9
        (20 + 8) · 9   (17 + 19) · 2   (78 − 18) · 6   (50 − 8) · 7

Schriftliches Multiplizieren

Beispiel:

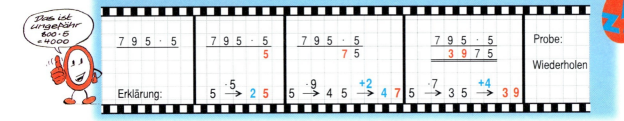

Aufgaben

1. Wie schwer ist die Ladung insgesamt?

2.
a) 327 · 3	b) 549 · 9	c) 509 · 4	d) 1 257 · 2	e) 1 138 · 5	f) 2 374 · 5
438 · 5	603 · 7	708 · 6	3 128 · 8	2 007 · 6	3 307 · 6
723 · 8	777 · 8	915 · 9	4 247 · 6	4 020 · 9	8 009 · 3

3. Vom Kleinsten zum Größten: der totale Durchblick.

a) 475 · 4 E, 239 · 8 R, 654 · 3 N, 965 · 3 L, 841 · 9 S, 236 · 8 F, 657 · 7 A, 543 · 5 G

b) 296 · 6 R, 537 · 6 K, 487 · 3 K, 647 · 8 P, 428 · 7 S, 356 · 6 O, 854 · 5 O, 273 · 3 M, 324 · 4 I

4. Bei einer Aufführung wurden 476 Karten zu 7 DM verkauft. Wie viel DM wurden eingenommen?

5. In einem Autowerk werden in einer Stunde 280 Autos produziert. Wie viele Autos werden in einer 8-stündigen Schicht fertig?

6.
a) 372 · 40	b) 735 · 20	c) 2 136 · 30
527 · 30	603 · 40	5 009 · 70
683 · 90	770 · 60	6 035 · 60
d) 235 · 300	e) 340 · 900	f) 2 133 · 200
351 · 500	507 · 600	5 036 · 400
558 · 800	952 · 700	3 004 · 500

Erst auf die Nullen achten.

7. Für eine Schulaula werden 300 Stühle zu 128 DM das Stück gekauft. Wie hoch ist die Rechnung?

8. Jasmin duscht jeden Tag und verbraucht dabei 30 l Wasser. Wie viel Liter Wasser sind das in einem Jahr (365 Tage)?

4 Multiplikation und Division

Überschlagsrechnen

Merke:

Mit einer Überschlagsrechnung kann man das Ergebnis ungefähr abschätzen. Man rechnet dazu mit gerundeten Zahlen im Kopf.

Beispiele:

(1) Aufgabe   Überschlag   genau: 689 · 8
 689 · 8 ≈ 700 · 8 = 5 600   5 512

(2) Aufgabe   Überschlag   genau: 549 · 7
 549 · 7 ≈ 500 · 7 = 3 500   3 843

Aufgaben

1. Mache zuerst einen Überschlag, dann rechne genau.

a) 273 · 8 b) 993 · 6 c) 503 · 7 d) 1 248 · 3 e) 2 416 · 9 f) 5 903 · 7
 558 · 7   854 · 4   614 · 3   2 590 · 5   9 283 · 4   2 116 · 5
 332 · 9   723 · 5   945 · 4   3 783 · 6   7 009 · 8   3 867 · 4

2. Ordne jeder Aufgabe im Ballon die richtige Überschlagsrechnung zu.

Balloons: 479 · 7 | 4872 · 6 | 783 · 6 | 439 · 7 | 429 · 6 | 4390 · 7 | 719 · 6

| 5 000 · 6 A | 400 · 7 B | 700 · 6 G | 400 · 6 U | 500 · 7 H | 4 000 · 7 R | 800 · 6 M |

3. Drei Aufgaben sind falsch gerechnet. Finde sie allein mit einer Überschlagsrechnung.

a) 623 · 8 = 4 984
b) 503 · 7 = 5 321
c) 489 · 6 = 3 034
d) 892 · 7 = 6 244
e) 614 · 4 = 2 356

4. Mache erst eine Überschlagsrechnung, dann rechne auch genau.

a) Zur Aufführung der Theater-AG werden 372 Karten zu 6 DM verkauft.
b) Die Firma Hesse kauft 8 Tintenstrahldrucker zu 619 DM das Stück.
c) Ein Autotransporter hat 8 Wagen, die jeweils 995 kg wiegen, geladen.
d) Für das Handballspiel wurden 1 231 Karten zu 9 DM und 278 Schülerkarten zu 4 DM verkauft.
e) Ein Lkw hat 6 Kisten, die jeweils 107 kg wiegen, und 5 Kisten zu je 285 kg geladen.

4 Multiplikation und Division

Schriftliches Multiplizieren mit mehrstelligen Zahlen

Beispiel:

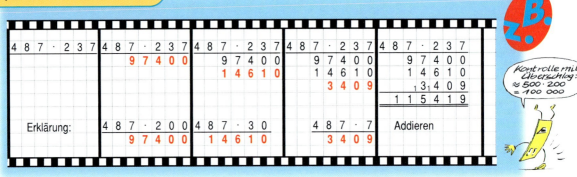

Aufgaben

1. a) 98 · 56   b) 38 · 27   c) 78 · 39   d) 722 · 42   e) 352 · 81   f) 276 · 99
     78 · 92   96 · 34   46 · 44   813 · 53   436 · 78   287 · 58
     49 · 73   62 · 52   77 · 42   478 · 63   621 · 47   543 · 75

Der Größe nach ein Katzenname.

2. 386 · 92 E   439 · 53 I   532 · 96 D   384 · 49 F
     256 · 38 A   625 · 27 R   138 · 25 G   582 · 67 L

3. a) 933 · 74   b) 696 · 21   c) 572 · 68   d) 376 · 28
     342 · 53   433 · 58   357 · 59   913 · 27
   e) 721 · 352   f) 741 · 321   g) 654 · 378   h) 529 · 332
     533 · 426   378 · 217   258 · 123   728 · 543

Im Sack sind alle Ergebnisse.
69042   237861   82026
18126   247212   10528
227058   14616   25114
395304   38896   253792
24651   21063   175628
31734

4. Rechne schriftlich und vergleiche.   a) 7 · 325 und 325 · 7   b) 3 · 2714 und 2714 · 3

5. a) 123 · 203   b) 432 · 303   c) 259 · 402
     227 · 105   389 · 207   329 · 504

6. a) 324 · 608   b) 476 · 209   c) 625 · 403
     439 · 705   583 · 304   762 · 802
     254 · 312   408 · 307   729 · 300

```
 548 · 305              548 · 305
 164400                    1644
   0000    Man muss      + 2740
 + 2740    Nullen beachten, 167140
 167140    aber nicht
           immer schreiben.
```

7. Sandras Ballettstunden kosten im Monat 145 DM. Wie hoch sind die Kosten für ein Jahr?

Ein wichtiger Tipp: Kleinere Zahlen nach hinten.

8. Herr Muster fährt mit dem Auto zu seiner Arbeitsstelle. Die tägliche Fahrstrecke für Hin- und Rückfahrt beträgt 48 km. Wie viel km legt er in einem Jahr mit 243 Arbeitstagen zurück?

9. Eine Pumpe fördert in einer Stunde 1 325 l Wasser. Wie viel Wasser fördert sie an einem Tag?

10. Die Konzerthalle in Bad Salzuflen hat 1 226 Sitzplätze. Für ein Konzert kosten die Karten 38 DM. Wie hoch ist die Einnahme, wenn alle Karten verkauft werden? Überschlage und rechne genau.

11. Ein Fußballverein hat 972 Mitglieder, davon sind 552 Jugendliche. Der Jahresbeitrag beträgt 168 DM für Erwachsene, für Jugendliche 78 DM. Berechne die Jahreseinnahme aus Mitgliedsbeiträgen.

4 Multiplikation und Division

12.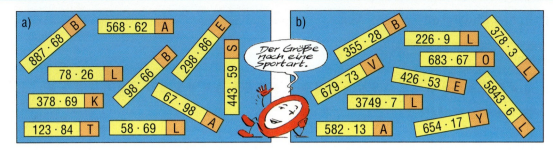

13. a) Wie viele Minuten hat ein Tag? b) Wie viele Stunden hat ein Jahr (365 Tage)?
c) Jan wird heute 12 Jahre alt. Wie viele Wochen ist er alt? (1 Jahr = 52 Wochen)

14.
a) 417 · 8	b) 237 · 39	c) 705 · 87	d) 1 274 · 24	e) 374 · 122
238 · 7	471 · 65	509 · 53	2 317 · 31	417 · 235
684 · 6	347 · 82	308 · 67	4 508 · 25	553 · 158

15. Familie Schäfer kauft 6 Sessel. Wie teuer ist die Sitzgruppe, wenn ein Sessel 385 DM kostet? Überschlage und rechne genau.

16. Frau Weber kauft 36 m Gardinenstoff und 36 m Spitze. 1 m Stoff kostet 43 DM und 1 m Spitze 6 DM. Wie viel muss sie bezahlen?

17. Im Juli wurden Eintrittskarten verkauft:

Einzelkarten		Zehnerkarten		Familienkarten
Erw.	Kd.	Erw.	Kd.	
8 461	12 342	986	3 285	6 346

	Erwachsene	Kinder
Einzelkarte	3 DM	2 DM
Zehnerkarte	27 DM	18 DM
Familienkarte	7 DM	

Berechne die Einnahmen:
a) für Einzelkarten b) für Zehnerkarten
c) für Familienkarten d) insgesamt

18. Herr Fleißig verdient im Monat 3 875 DM. Wie viel verdient er in einem Jahr, wenn er noch 650 DM Urlaubs- und 1 500 DM Weihnachtsgeld erhält?

19. Ein Landwirt liefert täglich im Durchschnitt 128 l Milch an eine Molkerei. Wie viel Liter Milch sind das in einem Jahr? Überschlage, rechne anschließend genau.

20. a)  b)  c)

21.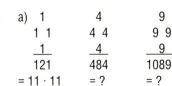

a)
```
    1         4         9        16
   11        44        99      1616
    1         4         9        16
  ---       ---      ----      ----
  121       484      1089      1936
= 11 · 11   = ?       = ?       = ?
```

b) 11 · 11   111 · 111
111 · 11   1111 · 111
1111 · 11   ...
11111 · 11
...

4 Multiplikation und Division

Schriftliches Dividieren

Beispiel:

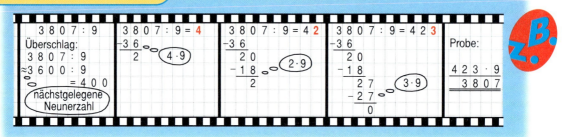

Aufgaben

1. Dividiere schriftlich. Mache vorher einen Überschlag und hinterher eine Probe.

a) 432 : 9	b) 581 : 7	c) 2 048 : 8	d) 2 740 : 4	e) 4 470 : 6	f) 19 548 : 6
312 : 6	688 : 8	3 206 : 7	3 265 : 5	2 556 : 3	48 160 : 5
392 : 4	882 : 6	2 961 : 3	2 912 : 8	2 478 : 7	25 928 : 8

2.
a) Auf einem Bauernhof werden 785 kg Kartoffeln in 5 kg-Beutel abgefüllt. Wie viele Beutel sind es?
b) 6 Personen teilen sich 51 582 DM Lottogewinn. Wie viel DM bekommt jede?
c) Die Miete einer Motorjacht beträgt pro Woche (= 7 Tage) 1 792 DM. Wie viel DM ist das pro Tag?

3. Dividiere 2520 durch: a) 2   b) 3   c) 4   d) 5   e) 6   f) 7   g) 8   h) 9

4. Dividiere schriftlich. Achte besonders auf Nullen im Ergebnis.

a) 918 : 3	b) 21 182 : 7	c) 20 040 : 5
2 432 : 8	63 081 : 9	32 008 : 4
3 042 : 6	28 840 : 8	36 504 : 9
d) 3 563 : 7	e) 24 032 : 4	f) 30 042 : 6
4 020 : 5	30 282 : 6	24 464 : 8
2 727 : 9	28 524 : 3	36 360 : 4

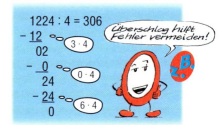

5. Dividiere schriftlich. Mache vorher einen Überschlag und hinterher eine Probe.

a) 225 : 3	b) 664 : 8	c) 335 : 5	d) 1 761 : 3	e) 2 128 : 7	f) 4 605 : 5
370 : 5	762 : 6	637 : 7	1 548 : 6	3 944 : 8	3 474 : 6
686 : 7	992 : 4	648 : 9	1 476 : 4	5 499 : 9	6 360 : 8

6.
a) Vier Geschwister teilen sich eine Erbschaft von 30 400 DM. Wie viel DM bekommt jedes?
b) Am Güterbahnhof werden 1 440 Autos verladen, 8 pro Waggon. Wie viele Waggons sind nötig?
c) Eine Firma hat für 87 294 DM drei gleiche Pkws angeschafft. Wie teuer war ein Pkw?
d) Eine Pfadfindergruppe kauft für 774 DM sechs gleiche Zelte. Wie teuer ist ein Zelt?

7.
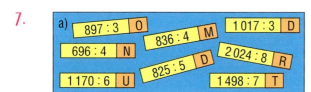
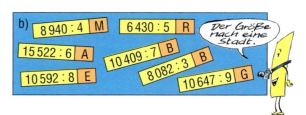

4 Multiplikation und Division

Schriftliches Dividieren durch mehrstellige Zahlen

Beispiel:

```
8891 : 17          8891 : 17 = 5       8891 : 17 = 52      8891 : 17 = 523     Probe:
                   -85          (5·17) -85                 -85
Überschlag:          3                   39        (2·17)    39                523 · 17
8891 : 17                                -34                -34                  523
≈ 9000 : 20                                5                 51                 3661
= 450                                                       -51        (3·17)   8891
                                                              0
```

Aufgaben

1.

a)
```
7328 : 16 = 3...     7328 : 16 = 4...     7328 : 16 = 5...
-48        *16       -64        *16       -80        *16
 25                    9
```

b)
```
8848 : 14 = 7...     8848 : 14 = 5...     8848 : 14 = 6...
-98        *14       -70        *14       -84        *14
                      18                    4
```

Woran erkennst du, ob die erste Ergebnisziffer richtig ist?

2. Dividiere schriftlich. Kontrolliere dein Ergebnis mit einer Probe.

a) 828 : 18	b) 3 096 : 12	c) 9 214 : 17	d) 13 818 : 14	e) 11 648 : 13
884 : 13	6 870 : 15	7 648 : 16	13 632 : 16	10 422 : 18
952 : 17	6 818 : 14	3 002 : 19	12 996 : 19	11 362 : 13

3. Achte besonders auf Nullen im Ergebnis. Ein Überschlag dient der Kontrolle.

a) 1 248 : 12	b) 3 965 : 13	c) 8 534 : 17	d) 3 344 : 16
4 896 : 16	7 254 : 18	9 633 : 19	8 442 : 14
e) 7 056 : 14	f) 5 712 : 14	g) 120 075 : 15	h) 51 051 : 17
8 128 : 16	7 248 : 12	65 052 : 13	65 680 : 16

Die Ergebnisse sind alle hier im Sack.

104, 507, 408, 209, 603, 604, 504, 3003, 8005, 306, 4105, 5004, 305, 403, 508, 502

4. Ein Fahrradhändler bekommt 15 gleiche Fahrräder zu einem Gesamtpreis von 10 470 DM geliefert. Wie teuer ist ein Fahrrad im Einkauf?

5. Eine Kinokarte kostet 12 DM, 4 152 DM sind in der Kasse. Wie viele Leute waren in der Vorstellung?

6. 7 310 352 DM im Jackpot! 16 Spieler haben 6 Richtige. Wie hoch ist der Gewinn für jeden?

7.

a)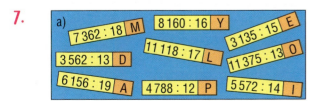

7362 : 18 M   8160 : 16 Y   3135 : 15 E
11118 : 17 L   11375 : 13 O
3562 : 13 D
6156 : 19 A   4788 : 12 P   5572 : 14 I

b)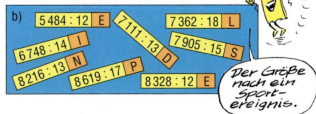

5484 : 12 E   7111 : 13 D   7362 : 18 L
6748 : 14 I   7905 : 15 S
8216 : 13 N   8619 : 17 P
8328 : 12 E

Der Größe nach ein Sportereignis.

8. Dividiere schriftlich. Kontrolliere dein Ergebnis mit einer Probe.

a) 5 520 : 20	b) 11 720 : 20	c) 21 720 : 60	d) 29 200 : 80	e) 25 480 : 70
4 500 : 60	11 220 : 30	18 880 : 80	27 480 : 60	32 360 : 40

9. Führe den ersten Schritt zu Ende und rechne dann weiter.

a)

b)

10.
a) 6 144 : 24	b) 3 782 : 61	c) 15 600 : 48	d) 8 745 : 33	e) 2 400 : 96
3 510 : 26	4 350 : 58	12 386 : 22	5 418 : 21	1 794 : 78

11.
a) 9 116 : 43	b) 2 352 : 42	c) 1 426 : 62	d) 1 872 : 52	e) 13 140 : 36
8 775 : 27	2 552 : 29	4 316 : 83	7 874 : 31	25 704 : 27

12.
a) 7 525 : 35	b) 13 692 : 21	c) 10 836 : 42	d) 14 976 : 48
6 842 : 22	18 625 : 25	22 631 : 53	11 336 : 26
e) 4 066 : 38	f) 10 534 : 23	g) 11 808 : 36	h) 13 952 : 32
5 928 : 24	11 168 : 32	18 004 : 28	15 844 : 68

427 349 107 311
312 247 233 328
     458 436 643 436
215 652 745 258

13. Ordne die Ergebnisse der Größe nach, das größte zuerst. Du erhältst eine Sportart.

a)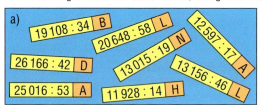

b)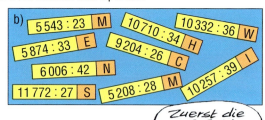

14. Mache erst eine Überschlagsrechnung. Runde dafür so, dass du mit dem kleinen Einmaleins im Kopf rechnen kannst.

a) 1 248 : 52	b) 3 233 : 61	c) 13 608 : 72	d) 41 125 : 47
4 294 : 38	2 052 : 19	12 354 : 58	31 833 : 81
e) 9 637 : 23	f) 7 098 : 39	g) 17 952 : 51	h) 25 080 : 88
4 944 : 44	2 478 : 42	33 777 : 81	18 850 : 58
5 004 : 12	8 265 : 95	97 495 : 31	11 979 : 33

2 552 : 56
≈ 2 552 : 60
≈ 2 400 : 60
= 40

Zuerst die 2. Zahl runden. Und dann die 1. Zahl passend zum 1x1.

15. Überschlage erst und rechne dann genau.

a) 1 m Draht wiegt 21 g. Der ganze Draht auf einer Rolle wiegt 3 465 g. Wie viel m sind es?

b) 30 000 Pralinen werden in 24er-Schachteln verpackt. Wie viele Schachteln sind nötig?

c) Bei einem Radrennen werden 28 Runden gefahren, insgesamt 79 800 m. Wie lang ist eine Runde?

16. Ein Fahrradhändler bekommt 23 gleiche Fahrräder zu einem Gesamtpreis von 16 054 DM geliefert. Wie teuer ist ein Fahrrad im Einkauf?

17. Die Gesamtkosten der Klassenfahrt der 5b betragen 7 424 DM. In der Klasse sind 29 Schülerinnen und Schüler. Wie viel muss jeder bezahlen?

18. Ein Warenhaus erhält eine Rechnung über 6 300 DM für Kaffeemaschinen (Einzelpreis 45 DM) und eine über 4 200 DM für Wasserkocher (Einzelpreis 35 DM). Wie viele Geräte wurden jeweils geliefert?

4 Multiplikation und Division

Division mit Rest

Beispiele:

(1) 20 Blumen für 3 Kästen. 6 pro Kasten, und 2 bleiben übrig.

(2)
```
1 3 2 4 : 6 = 2 2 0 + 4 : 6
-1 2
  1 2      Probe: 2 2 0 · 6
 -1 2             1 3 2 0
    0 4        +       4 Rest
      0          1 3 2 4
      4 Rest
```

(3)
```
2 0 0 0 : 1 5 = 1 3 3 + 5 : 1 5
-1 5
  5 0         Probe: 1 3 3 · 1 5
 -4 5                  1 3 3
    5 0                6 6 5
   -4 5              1 9 9 5
      5 Rest      +      5 Rest
                   2 0 0 0
```

Aufgaben

1. a) 615 : 4   b) 327 : 5   c) 583 : 7   d) 856 : 6   e) 674 : 8   f) 872 : 6
      285 : 6   450 : 7   973 : 4   984 : 9   763 : 9   598 : 8

2. a) 2 417 : 4   b) 5 782 : 8   c) 6 724 : 30 d) 3 523 : 40 e) 8 512 : 60
      6 338 : 5   4 715 : 7   4 580 : 60   5 710 : 20   5 728 : 40

3. a) 7 530 : 12 b) 8 786 : 14 c) 1 736 : 18 d) 2 545 : 17 e) 27 741 : 19
      8 425 : 11   2 519 : 16   2 583 : 16   1 371 : 15   40 038 : 14

4. Einige Aufgaben gehen auf, bei anderen bleibt ein Rest. Die Reste findest du in der Truhe.

   a) 621 : 9   b) 1 295 : 3   c) 7 657 : 13 d) 8 742 : 17
      587 : 6   2 048 : 8   3 445 : 12   4 875 : 15

   e) 932 : 7   f) 4 718 : 4   g) 4 349 : 14 h) 1 298 : 19
      952 : 8   3 256 : 6   4 128 : 16   3 458 : 18

5. Berechne die Anzahl Packungen und den Rest.
   a) 548 Eier in 6er-Kartons
   b) 349 Paprikaschoten in 3er-Netze
   c) 1 000 Tischtennisbälle in 6er-Schachteln
   d) 1 400 Schreibhefte in 3er-Packs in Folie
   e) 5 000 Saftflaschen in 12er-Kisten
   f) 2 000 Deutschbücher in 24er-Kartons

6. 300 Steinplatten werden in 8er-Reihen verlegt. Wie viele Reihen und restliche Platten werden es?

7. Von einer 300 cm langen Holzleiste werden 35 cm lange Stücke abgesägt. Wie viele Stücke erhält man und wie viel cm bleiben übrig?

8. Hier siehst du nur noch das Ergebnis. Was waren die zugehörigen Divisionsaufgaben?

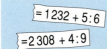
= 1 232 + 5 : 6
= 2 308 + 4 : 9

= 2 562 + 3 : 8
= 2 509 + 3 : 7

= 5 328 + 2 : 3
= 2 140 + 4 : 6

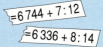
= 6 744 + 7 : 12
= 6 336 + 8 : 14

Auf der Silberranch

1. Die durchschnittliche Futtermenge für ein mittelgroßes Pferd beträgt pro Tag: 5 kg Kraftfutter, 6 kg Heu und 3 kg Stroh. Auf der Silberranch müssen 35 Pferde versorgt werden. Berechne den wöchentlichen Futterbedarf.

2. 8 Pferde müssen neu beschlagen werden. Der Hufschmied verlangt 95 DM pro Pferd und 35 DM als Anfahrtspauschale.

3. Der Besitzer der Silberranch kauft 4 neue Sättel zu 1799 DM und 6 Trensen zu 248 DM. Wie hoch ist die Rechnung?

4. Die Klasse 5b (28 Schülerinnen und Schüler) macht eine Wanderung zur Silberranch. Für eine Planwagenfahrt bezahlen sie 168 DM. Wie viel DM muss jeder bezahlen?

Auf der Silberranch

4 Multiplikation und Division 75

5. Dana hat ein eigenes Pferd auf der Silberranch. Die monatlichen Kosten für eine Box, Futter und Hallenbenutzung betragen 390 DM. Berechne die Kosten für ein Jahr.

6. Reitstunden muss Dana selbst bezahlen. Eine Stunde Gruppenunterricht mit eigenem Pferd kostet 7 DM. Zum Geburtstag hat Dana 283 DM bekommen.

a) Wie viele Reitstunden kann sie davon höchstens bezahlen?

b) Dana möchte sich Pferdebücher kaufen. Wie viel Geburtstagsgeld bleibt dafür übrig, wenn sie 35 Reitstunden selbst bezahlt?

7. a) Danas Freund Timo hat kein eigenes Pferd. Eine Reitstunde kostet dann 15 DM. Wie viel muss er für 40 Reitstunden im Jahr bezahlen?

b) Wie viel DM zahlt Dana bei der gleichen Zahl von Reitstunden weniger?

Testen, Üben, Vergleichen
4 Multiplikation und Division

1. a) Multipliziere die Zahlen 3 und 15.
   b) Dividiere 51 durch 3.
   c) Berechne das Produkt der Zahlen 5 und 12.
   d) Berechne den Quotienten der Zahlen 56 und 8.

2. a) ■ · 9 = 36   b) ■ : 7 = 5
   c) 8 · ■ = 40   d) 48 : ■ = 12

3. Eva sagt: „48 : 48 kann ich im Kopf rechnen."

4. a) 7 : 7   b) 13 : 1   c) 12 · 0   d) 0 · 34
      17 · 0   0 : 24   10 · 1   8 : 0

5. a) 17 · 100   b) 470 : 10   c) 120 · 10
      65 · 10   2 500 : 10   4 700 : 10
      212 · 100   3 800 : 100   8 200 : 100

6. a) 40 · ■ = 4 000   b) 3 000 : ■ = 300
      200 · ■ = 2 000   50 000 : ■ = 500

7. a) 8 · (7 + 5)   b) 120 : (31 + 9)
      9 · (28 − 19)   (17 + 3) · (19 − 12)

8. a) 3 · 9 + 17   b) 49 − 120 : 4
      48 : 12 + 29   25 : 5 + 3 · 17

9. a) 4 · 6 : 12   b) 48 − 12 − 20
      40 : 8 · 5   50 − 20 : 2 − 8

10. Wähle den Rechenweg, der dir einfacher erscheint.
    a) 25 · 39 · 4   b) 50 · 2 · 88
    c) 40 · 118 · 2   d) 4 · 67 · 25

11. a) (35 + 65) · 7   b) (100 − 3) · 9
    c) 48 · 7 − 18 · 7   d) 50 · 8 − 4 · 8
    e) 6 · 33 + 6 · 17   f) 73 · 12 − 23 · 12

12. a) 423 · 5   b) 528 · 40   c) 385 · 15
       714 · 8   237 · 60   532 · 28

13. Jochens Nachhilfeunterricht kostet monatlich 285 DM. Wie viel ist das in einem Jahr?

14. a) 847 : 7   b) 2 120 : 40   c) 4 770 : 15
       3 564 : 6   5 670 : 90   6 336 : 18

15. Eine Gruppe von 14 Jugendlichen fährt für insgesamt 910 DM zum Musical. Wie viel kostet das für jeden Einzelnen?

Merke:

Multiplikation   **Division**
5 · 6 = 30   30 : 6 = 5
30 ist das *Produkt* der   5 ist der *Quotient* der
Zahlen 5 und 6.   Zahlen 30 und 6.

$$5 \xrightarrow[: 6]{\cdot 6} 30$$

Die eine ist die Umkehroperation der anderen.

Rechnen mit Eins und Null
5 · 1 = 5   5 : 1 = 5   0 · 5 = 0   0 : 5 = 0
5 : 5 = 1   5 : 0 (geht nicht!)

Rechnen mit Zehnerzahlen
Multiplikation mit 10,   Division durch 10,
100, …: Man hängt   100, …: Man lässt
1, 2, … Nullen an.   1, 2, … Nullen weg.
z. B.: 35 · 100 = 3 500   z. B.: 3 500 : 10 = 350

Rechenregeln
− Was in Klammern steht wird zuerst berechnet.   48 : (17 − 9) = 48 : 8 = 6
− Punktrechnung (·, :) geht vor Strichrechnung (+, −).   36 : 9 + 5 · 7 = 4 + 35 = 39
− Sonst wird von links nach rechts gerechnet.
64 − 40 − 7 = 24 − 7 = 17

Verschiedene Rechenwege, dasselbe Ergebnis

5 · 6 · 2   5 · 6 · 2
= 5 · 2 · 6   = 30 · 2
= 10 · 6 = 60   = 60

4 · 8 + 3 · 8   4 · 8 + 3 · 8
= (4 + 3) · 8   = 32 + 24
= 7 · 8 = 56   = 56

Schriftliches Multiplizieren und Dividieren
235 · 27   Überschlag:
  4700   ≈ 200 · 30 = 6000
+ 1645
  6345

945 : 18 = 52 + 9 : 18   Probe: 52 · 18
− 90   Überschlag: 52
   45   ≈ 945 : 20   416
 − 36   ≈ 1000 : 20   936
    9 Rest   = 50   + 9 Rest
                                    945

Testen, Üben, Vergleichen
4 Multiplikation und Division

1. a) Verdopple die Zahl 120.   b) Berechne das Fünffache von 30.
   c) Wie groß ist der dritte Teil von 900?   d) Berechne ein Viertel von 600.
   e) Halbiere die Zahl 500.   f) Verdreifache die Zahl 40.

2. Rechne im Kopf.
   a) 7 · 8   b) 5 · 9   c) 32 : 8   d) 72 : 8   e) 3 · 10   f) 600 : 6
      9 · 6   7 · 6   35 : 5   63 : 9   100 · 7   70 : 7
      4 · 7   3 · 8   48 : 6   49 : 7   8 · 1000   5000 : 5

3. Rechne halbschriftlich.
   a) 3 · 12   b) 6 · 19   c) 3 · 24   d) 8 · 34   e) 3 · 80   f) 60 · 40
      7 · 18   4 · 16   4 · 26   6 · 53   7 · 600   30 · 70

4. Wie heißt die gesuchte Zahl? Schreibe erst mit Operatorpfeilen.
   a) ▩ · 9 = 36   b) ▩ · 7 = 700   c) ▩ : 17 = 5   d) 4000 : ▩ = 4
      24 : ▩ = 2   30 · ▩ = 3000   8 · ▩ = 72   ▩ : 100 = 82

5. Beachte die Rechenregeln.
   a) 4 · 7 + 3 · 9   b) 48 : 6 − 24 : 8   c) 8 · (27 − 13)   d) 100 : (12 + 13)
   e) 156 − 6 − 80   f) 56 − 250 : 5   g) 56 : 8 · 2   h) 7 + 45 : 9 − 8

6. Wähle einen möglichst einfachen Rechenweg.
   a) 2 · 39 · 5   b) 4 · 27 · 25   c) (25 + 75) · 9   d) 10 · 18 + 5 · 18
   e) 5 · 123 · 20   f) 89 · 25 · 4   g) (50 + 4) · 7   h) 7 · 27 − 6 · 27

7. Multipliziere schriftlich. Mache vorher eine Überschlagsrechnung.
   a) 237 · 8   b) 857 · 9   c) 613 · 30   d) 235 · 13   e) 372 · 16
   f) 454 · 7   g) 983 · 4   h) 412 · 60   i) 374 · 34   j) 583 · 29

8. Eine Schule kauft 120 Mathematikbücher zu 28 DM. Wie hoch ist die Rechnung?

9. Herr Eisele fährt jeden Tag 29 km (hin und zurück) zu seiner Arbeitsstelle. Wie viel km legt er in einem Jahr (220 Arbeitstage) zurück?

10. Dividiere schriftlich. Mache vorher eine Überschlagsrechnung und nachher die Probe.
    a) 895 : 5   b) 1206 : 9   c) 2600 : 40   d) 2820 : 60   e) 4128 : 16
       804 : 6   1778 : 7   5040 : 80   4410 : 70   6552 : 18

11. 6 Freunde haben zusammen im Lotto 7410 DM gewonnen. Wie viel DM bekommt jeder?

12. Ein Sportgeschäft bekommt eine Lieferung von 45 Jogginganzügen für 3150 DM. Wie teuer ist ein Jogginganzug? Überschlage und rechne genau.

13. Dividiere schriftlich, es bleibt ein Rest.
    a) 395 : 4   b) 832 : 9   c) 3272 : 6   d) 5740 : 30   e) 1276 : 14
    f) 247 : 3   g) 583 : 7   h) 2481 : 8   i) 6348 : 50   j) 2136 : 16

14. Zirkus OSKANI stellt für die 9 Grundschulen in Bad Salzuflen 1000 Freikarten zur Verfügung. Wie viele Karten bekommt jede Schule? Bleibt ein Rest?

5 Zeichnen und Konstruieren

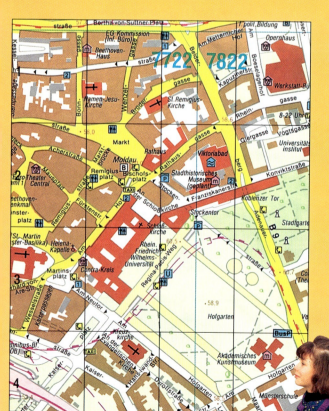

5 Zeichnen und Konstruieren

5 Zeichnen und Konstruieren

Gerade

Merke:

Eine **Gerade** ist eine gerade Linie ohne Anfang und ohne Ende.

Beispiel:

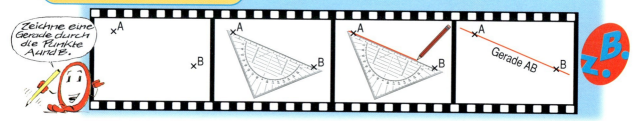

Aufgaben

1. Erzeuge auf einem Stück Papier ohne Lineal eine Gerade.

2. Zeichne zwei Punkte A und B und mehrere Geraden, die durch einen Punkt oder beide Punkte verlaufen. Wie viele Geraden kannst du durch A zeichnen, wie viele durch B, wie viele durch A und B?

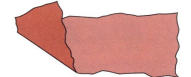

3. a) Übertrage die Punkte ins Heft. Verbinde je zwei durch eine Gerade. Wie viele Geraden erhältst du?
   b) Lege vier Punkte so, dass es weniger Verbindungsgeraden gibt als in a).

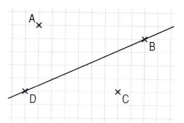

4. Zeichne vier Geraden so, dass zwei Schnittpunkte außerhalb deines Heftes liegen.

5. Überprüfe mit dem Geodreieck, welche der Linien a, b, c, d Geraden sind. Zeichne selbst.

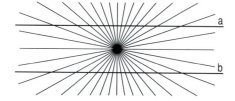
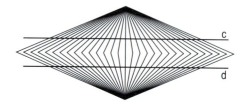

5 Zeichnen und Konstruieren

Strecke und Strahl

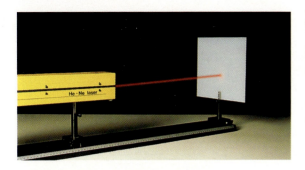

Merke:

Eine **Strecke** ist eine gerade Linie mit zwei Endpunkten.

Ein **Strahl** ist eine gerade Linie ohne Ende, die von einem Punkt ausgeht.

Beispiel:

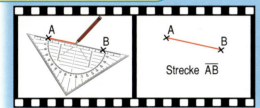

Strecke $\overline{AB}$

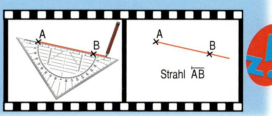

Strahl $\overline{AB}$

Aufgaben

1. a) Übertrage die Punkte ins Heft und zeichne die Strecken $\overline{AB}$, $\overline{BD}$ und $\overline{CD}$.

   b) Insgesamt gibt es sechs Strecken mit den Punkten A, B, C und D als Endpunkte. Zeichne die fehlenden Strecken und schreibe sie auf.

2. Übertrage die Punkte noch einmal und zeichne die Strahlen $\overline{AC}$, $\overline{DA}$, $\overline{CB}$ und $\overline{BD}$.

3. Übertrage das Bild ins Heft und zeichne Lichtstrahlen ein, die von der Lampe A ausgehen:
   a) durch jede der vier Tischecken
   b) durch die Spitze der Stuhllehne
   c) durch die rechte untere Kante des Bildes

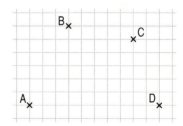

4. Von der Spitze der Stuhllehne wird eine Schnur bis zum Ende der Türklinke gespannt. Zeichne sie ein. Handelt es sich um eine Gerade, eine Strecke oder einen Strahl?

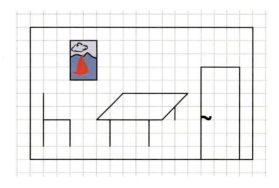

Vermischte Aufgaben

1.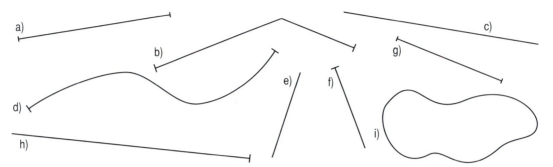

Welche dieser Linien sind Geraden, welche sind Strecken oder welche sind Strahlen?

2. a) Übertrage die Punkte und verbinde sie mit einem Streckenzug in der Reihenfolge A, B, D, C, A.

b) Suche weitere Möglichkeiten, mit einem Streckenzug zum Ausgangspunkt A zurückzukehren. Jeder Punkt darf nur einmal durchlaufen werden.

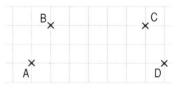

3. Übertrage die Karte ins Heft und finde den Schatz: „Gehe vom Fuß der hohen Eiche in Richtung des Wasserfalles und von der Höhle in Richtung der Turmruine. Der Schatz ist am Schnittpunkt beider Strecken vergraben."

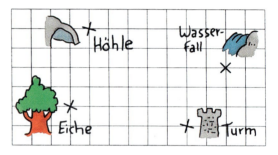

4. a) Zeichne das Muster mit dem Geodreieck.

b) Setze es bis zum Heftrand fort und färbe es. Erfinde selbst solche Muster.

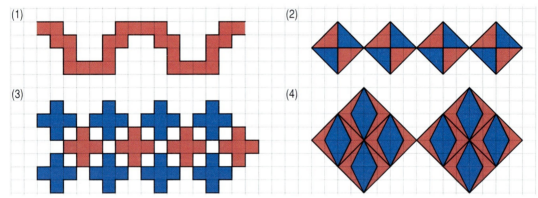

5. a) Übertrage die Punkte ins Heft und zeichne die Strecken $\overline{AB}$, $\overline{BC}$, $\overline{CD}$, $\overline{ED}$, $\overline{AE}$, $\overline{AC}$, $\overline{BE}$ und $\overline{CE}$.

b) Miss alle Strecken im „Haus des Nikolaus". Welche sind gleich lang?

c) Versuche das Haus des Nikolaus zu zeichnen, ohne den Stift abzusetzen. Jede Strecke darf nur einmal gezeichnet werden. Suche verschiedene Möglichkeiten. An welchen Punkten kannst du beginnen?

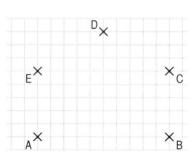

5 Zeichnen und Konstruieren

Senkrecht

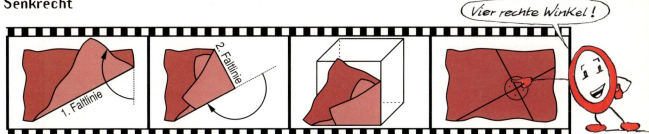

Merke:

Zwei zueinander **senkrechte** Geraden a und b schließen einen rechten Winkel ein.
a ist senkrecht zu b, b ist senkrecht zu a. (in Zeichen: a ⊥ b, b ⊥ a)

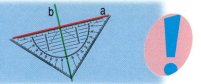

Beispiel:

Konstruiere die Senkrechte zur Geraden g durch den Punkt P.
(1) P liegt auf g.
(2) P liegt nicht auf g.

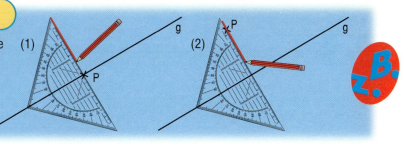

Aufgaben

1.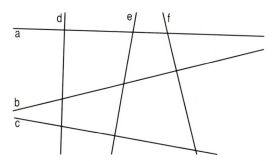

   Suche zueinander senkrechte Linien. Prüfe in der Zeichnung mit dem Geodreieck nach.

2. a) Um 9.00 Uhr stehen die Uhrzeiger zueinander senkrecht. Zu welchen vollen Stunden stimmt das auch?
   b) Nenne Beispiele aus deiner Umwelt für senkrechte Linien.

3. Übertrage ins Heft. Zeichne die Senkrechten zu g durch die Punkte P, Q und R.

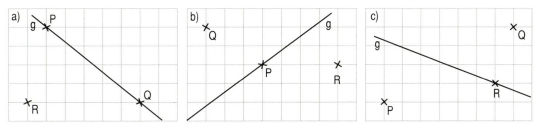

5 Zeichnen und Konstruieren

Parallel

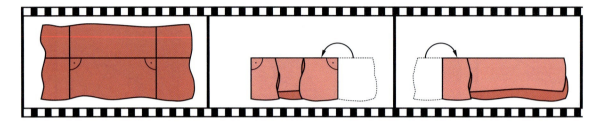

> **Merke:**
>
> Zwei Geraden a und b, die beide senkrecht zu einer Geraden g sind, verlaufen **parallel** zueinander.
> a ist parallel zu b, b ist parallel zu a (Zeichen: a ∥ b, b ∥ a)

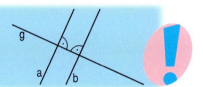

> **Beispiel:**
>
> Konstruiere die Parallelen zu einer Geraden g durch einen Punkt P.
>
> a) Verwende die parallelen Linien auf dem Geodreieck.
>
> b) Zeichne zuerst die Senkrechte h durch P zu g und dann die Senkrechte durch P zu h.

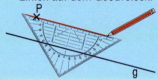 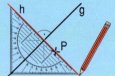 

Aufgaben

1.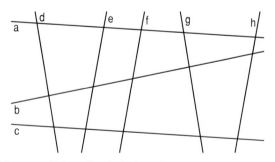

a) Suche zueinander parallele Linien. Prüfe in der Zeichnung mit dem Geodreieck nach.

b) Nenne Beispiele aus deiner Umwelt für parallele Geraden.

2. Übertrage ins Heft. Zeichne die Parallelen zu g durch P, Q und R.

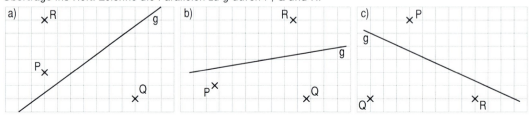

5 Zeichnen und Konstruieren

Abstand

Drei Vorschläge für einen Hafen am Festland, damit ein ständiger Fährverkehr mit der Insel möglich ist. Mir scheint A am besten zu sein.

Tja, von den drei Vorschlägen schon. Aber nicht am besten überhaupt.

Merke:

Der Abstand des Punktes P von der Geraden g
ist die Länge der Strecke $\overline{PQ}$ auf der Senkrechten zu g.
Parallele Geraden haben überall denselben Abstand voneinander.

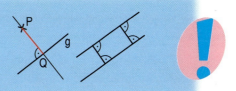

Beispiel:

Zeichne einen Punkt P. Er soll 4 cm *Abstand* von der Geraden g haben.

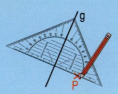

Zeichne eine Gerade h. Sie soll 4 cm *Abstand* von der Geraden g haben.

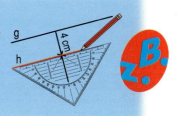

Aufgaben

1.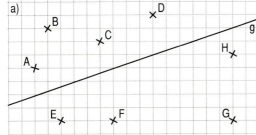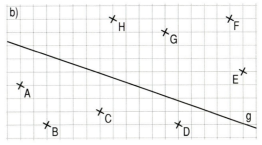

   Übertrage ins Heft. Bestimme die Abstände der Punkte von der Geraden g.

2. Übertrage die Schatzkarte ins Heft und finde den Schatz. Er liegt im hellgrünen Feld.
   „Der Schatz ist in einem Abstand von genau 50 m zum Wanderweg vergraben, zur Waldschneise hat er einen Abstand von genau 100 m."

   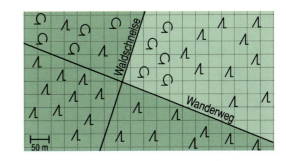

3. Zeichne eine Gerade a und zwei Parallelen zu a im Abstand von 3 cm.

Vermischte Aufgaben

1. Zeichne mit dem Geodreieck eine Mauer, eine Leiter, einen Jägerzaun.

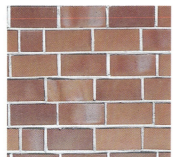  

2. Gibt es hier zueinander parallele oder senkrechte Linien? Prüfe mit dem Geodreieck. Zeichne selbst.

a)

b)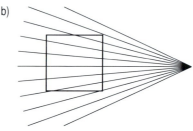

3. Übertrage ins Heft und prüfe mit dem Geodreieck.

a) Welche Geraden sind zueinander parallel?
(Notiere so: g ∥ h)

b) Welche Geraden sind zueinander senkrecht?
(Notiere so: g ⊥ h)

c) Miss den Abstand, den die Parallelen voneinander haben.

d) Kemal sagt: „b und c sind parallel, denn sie schneiden sich nicht." Hat er Recht?

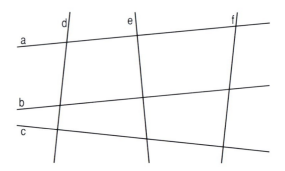

4. Ein Senkrechtstarter hebt auf einer Bergwiese ab.

a) Startet er senkrecht zur Bergwiese?

b) Fertige eine Skizze an, wie ein Start senkrecht zur Wiese sein müsste.

5. a) b) c) d)

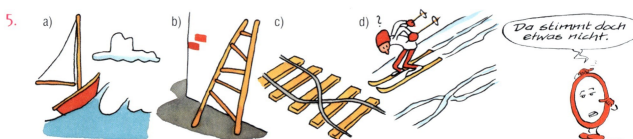

5 Zeichnen und Konstruieren

Rechteck und Quadrat

Merke:

Ein **Rechteck** ist ein Viereck mit vier rechten Winkeln.
In jedem Rechteck sind die gegenüberliegenden Seiten gleich lang und parallel.
Ein **Quadrat** ist ein Rechteck, in dem alle vier Seiten gleich lang sind.

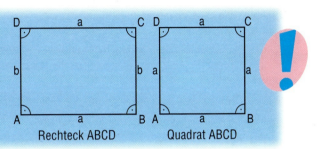

Rechteck ABCD   Quadrat ABCD

Beispiel:

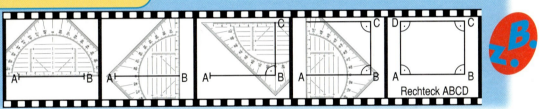

Aufgaben

1. Zeichne mit dem Geodreieck ein Rechteck mit den angegebenen Seitenlängen.

   a) a = 4 cm
      b = 6 cm
   b) a = 7 cm
      b = 3 cm
   c) a = 5 cm
      b = 5 cm
   d) a = 5,8 cm
      b = 3,9 cm
   e) a = 7,2 cm
      b = 7,1 cm
   f) $\overline{AB}$ = 6 cm
      $\overline{BC}$ = 5 cm

2. Zeichne ein Quadrat mit der angegebenen Seitenlänge.   a) a = 4 cm   b) a = 5,4 cm   c) $\overline{AD}$ = 5,3 cm

3. Nenne fünf Gegenstände aus deiner Umwelt mit rechteckigen Flächen. Nenne fünf Gegenstände, die quadratische Flächen haben.

4. a) Welche Vierecke sind keine Rechtecke? Begründe.   b) Welche Rechtecke sind Quadrate?

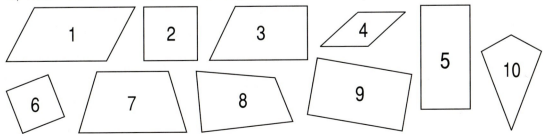

5.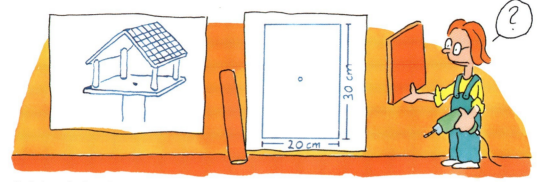

Karin bastelt einen Futterplatz für Vögel. Dazu muss sie in der Mitte einer rechteckigen Platte ein Loch bohren. Wie kann sie diesen Punkt finden?

6. Zeichne ein Quadrat (5 cm Seitenlänge) und ein Rechteck (5 cm lang, 4 cm breit). Zeichne in beide Figuren die *Diagonalen* und *Mittellinien* ein.

a) Miss ihre Längen und vergleiche mit den Seitenlängen der Figur.

b) Prüfe in beiden Figuren, wo rechte Winkel sind.

7. Zeichne das Fußballfeld maßstabsgerecht in dein Heft (1 cm für 10 m).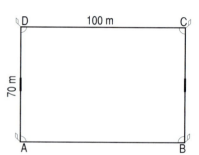

a) Finde mithilfe der Diagonalen den Anstoßpunkt.

b) Es gibt noch andere Möglichkeiten, den Anstoßpunkt zu finden. Führe eine davon an einer neuen Zeichnung des Fußballfeldes aus.

c) Beim Training sprinten die Spieler von Eckfahne A zu Eckfahne C. Miss die Strecke, wie lang ist sie in Wirklichkeit?

8. Bastele dir Umschläge, z. B. für Briefe und CDs. Du brauchst vier Quadrate, Seitenlänge: 15 cm

a) Falte jedes Quadrat längs einer Mittellinie.

b) Nun stecke die Quadrate ziegelartig ineinander und klebe den Boden des Umschlages zusammen. Arbeite an den Ecken genau, es müssen rechte Winkel entstehen.

c) Jetzt schließe den Umschlag, indem du die gefalteten Laschen wieder ineinander steckst.

d) Zum Schluss knicke die 4 Quadrate des Deckels entlang ihrer Diagonale. Diese Dreiecke stehen hoch und geben der Hülle den richtigen Pfiff.

festes Papier
Lineal
Klebstoff
Schere

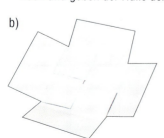
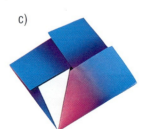
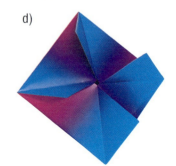

Parallelogramm und Raute

Merke:

Ein **Parallelogramm** ist ein Viereck, in dem gegenüberliegende Seiten parallel sind. Gegenüberliegende Seiten sind gleich lang. Eine **Raute** ist ein Parallelogramm, in dem alle vier Seiten gleich lang sind.

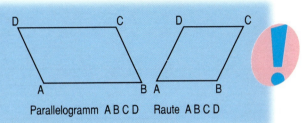

Parallelogramm A B C D Raute A B C D

Beispiel:

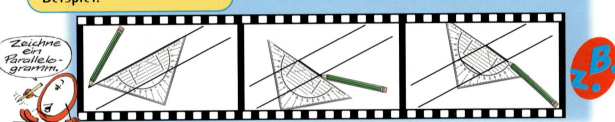

Aufgaben

1. a) Zeichne mit dem Geodreieck zwei Parallelstreifen (Breite 4 cm und 2,5 cm) so, dass sie einmal ein Parallelogramm und einmal ein Rechteck bilden.
   b) Zeichne mit zwei gleich breiten Streifen (Breite 5 cm) eine Raute und ein Quadrat.

2. a) Welche dieser Vierecke sind keine Parallelogramme? Begründe.
   b) Welche Parallelogramme sind auch Rauten?

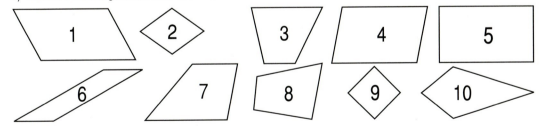

3. Prüfe folgende Behauptungen mit dem Geodreieck.
   a) Die Diagonalen sind gleich lang.
   b) Die Diagonalen halbieren sich gegenseitig.
   c) Die Diagonalen sind senkrecht zueinander.

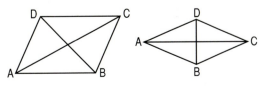

5 Zeichnen und Konstruieren

Quadratgitter

SPIELREGELN FÜR „SCHATZSUCHE"
1. Jeder Spieler versteckt an vier Punkten Schatzkisten.
2. Abwechselnd wird geraten.
3. Wer einen Schatz oder einen Nachbarpunkt trifft, darf weiterraten.

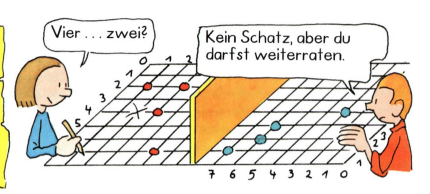

Merke:

Legt man in einem Quadratgitter (z. B. Rechenheftkaros) eine **Rechtsachse** und eine **Hochachse** fest, dann kann man die Lage eines Punktes durch ein Zahlenpaar beschreiben.

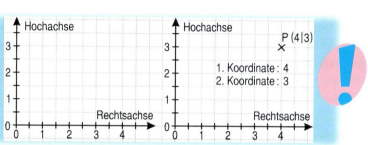

Beispiel:

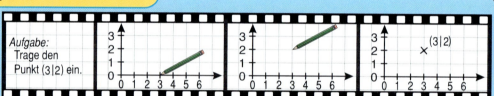

Aufgaben

1. Lege im Rechenheft eine Rechts- und eine Hochachse fest. Wähle als Gittereinheit 1 cm (2 Kästchen). Trage die Punkte ein. Verbinde sie in der angegebenen Reihenfolge zu einem Viereck. Welches Viereck entsteht?

    a) A(1|1)   B(7|1)   C(7|4)   D(1|4)   b) A(7|5)   B(12|5)   C(13|8)   D(8|8)

    c) A(9|9)   B(12|9)   C(12|12)   D(9|12)   d) A(7,5|2)   B(10|0)   C(12,5|2)   D(10|4)

    e) A(2|5)   B(4|7)   C(2|9)   D(0|7)   f) A(3|10)   B(7|8)   C(7|11)   D(3|13)

2. Übertrage die Figuren ins Heft und gib die Koordinaten ihrer Eckpunkte an.

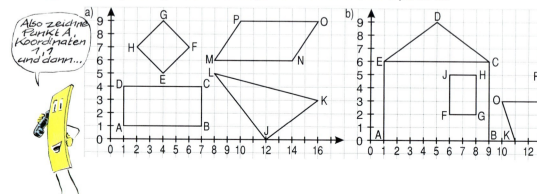

5 Zeichnen und Konstruieren

Spiegeln

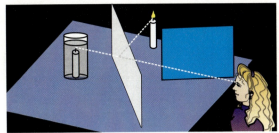

Merke:

Bei der **Achsenspiegelung** ist die Verbindungsstrecke $\overline{AA'}$ zwischen Original- und Bildpunkt **senkrecht** zur **Spiegelachse** und wird von ihr **halbiert**.

Aufpassen: Die blaue und die rote Strecke müssen gleich lang sein.

Beispiele:

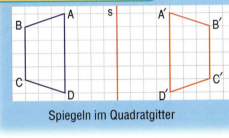

Spiegeln im Quadratgitter

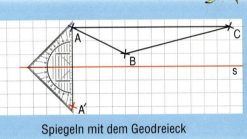

Spiegeln mit dem Geodreieck

Aufgaben

1. Übertrage in ein Quadratgitter und spiegele an der roten Geraden s.

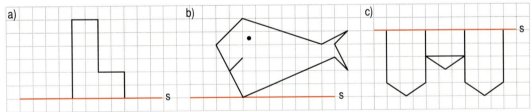

2. Übertrage ins Heft. Zeichne die Gerade ein, an der gespiegelt wurde.

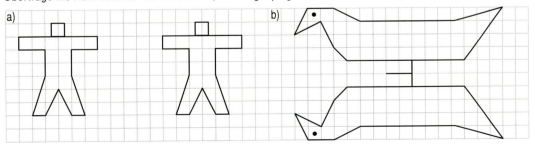

Achsensymmetrische Figuren

Merke:

Eine Figur ist **achsensymmetrisch**, wenn man durch sie eine Gerade (**Symmetrieachse**) zeichnen kann, sodass die eine Seite der Figur Spiegelbild der anderen ist.

Beispiele:

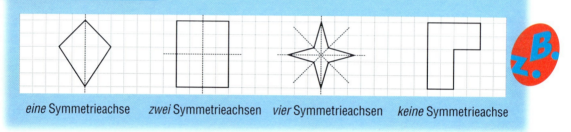

eine Symmetrieachse   *zwei* Symmetrieachsen   *vier* Symmetrieachsen   *keine* Symmetrieachse

Aufgaben

1. Welche Figuren sind achsensymmetrisch? Wie viele Symmetrieachsen haben sie?

 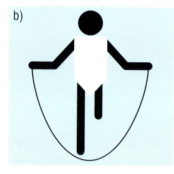 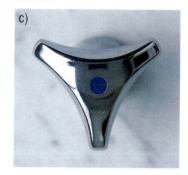

2. Übertrage die Figuren ins Heft und ergänze sie zu achsensymmetrischen Figuren. Die Gerade s ist Symmetrieachse.

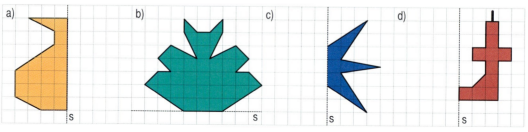

5 Zeichnen und Konstruieren

3.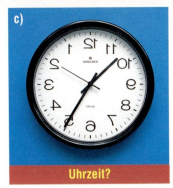

a) Schießt er mit rechts oder links? b) Rechts- oder Linksabbieger? c) Uhrzeit?

4. Übertrage die Figuren ins Heft und zeichne alle Symmetrieachsen ein.

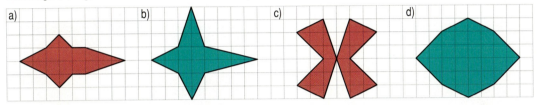

a)   b)   c)   d)

5. (1) (2) (3) (4)

a) Eines der Verkehrsschilder ist *nicht* achsensymmetrisch. Welches?
b) Skizziere die anderen Verkehrsschilder im Heft und zeichne die Symmetrieachsen ein.

6. Übertrage die Druckbuchstaben ins Heft. Zeichne alle Symmetrieachsen ein.

A B C D E F G H I J K L M
N O P Q R S T U V W X Y Z

7. Welche Fahnen sind achsensymmetrisch? Skizziere diese Fahnen im Heft und zeichne die Symmetrieachsen ein.

Trinidad   Venezuela   Puerto Rico   Jamaica

8. Übertrage die Wörter und Zahlen ins Heft und zeichne alle Symmetrieachsen ein, die es gibt.

a) OTTO b) MAMA c) MAOAM d) ABBA e) UHU
f) 800   g) 808   h) 333   i) 101   j) 96   k) 383

5 Zeichnen und Konstruieren

Spiegelungen und Symmetrien überall?

1.

Warum ist es praktisch, die Frontaufschrift beim Firmenwagen in Spiegelschrift anzubringen?

2.

Auch hier wurde gespiegelt. Wo liegt die „Spiegelachse"?

3.

a) Wie viele „Symmetrieachsen" haben die Figuren jeweils? Verwende dein Geodreieck als „Spiegel".

b) Suche weitere achsensymmetrische Figuren aus der Umwelt und sortiere nach der Anzahl der Symmetrieachsen.

Symmetrische Figuren basteln

5 Zeichnen und Konstruieren

Symmetrische Figuren basteln

1. Anhänger für Geschenke

2. Girlanden

3. Einladungen

4. Tischdekoration

5. Spiel

Bastele ein Domino. Du brauchst mindestens 12 Rechtecke aus Pappe (ca. 8 cm x 4 cm).
Beklebe sie mit symmetrischen Figuren:
a) Im Faltschnitt ausschneiden.
b) An der Symmetrieachse auseinander schneiden.
c) Spiegelbildlich an den Rand der Papprechtecke kleben.

Testen, Üben, Vergleichen
5 Zeichnen und Konstruieren

1.

   Übertrage ins Heft.
   a) Zeichne alle Verbindungsstrecken und ordne sie der Länge nach.
   b) Zeichne die Strahlen $\overrightarrow{DB}$, $\overrightarrow{BA}$ und $\overrightarrow{AC}$.
   c) Wie viele verschiedene Geraden kannst du zeichnen, wenn jede durch zwei der vier Punkte gehen soll?

2. Übertrage die Punkte von Aufgabe 1.
   a) Zeichne die Gerade AB und dann die Senkrechte durch C zu AB.
   b) Zeichne die Gerade AD und dann die Parallele durch C zu AD.
   c) Bestimme den Abstand des Punktes D von der Geraden AB.

3. a) Zeichne ein Rechteck mit den Seitenlängen a = 7 cm und b = 5 cm.
   b) Zeichne seine Diagonalen. Wie lang sind sie?

4. Zeichne ein Quadrat mit a = 5,5 cm.

5. Zeichne mit zwei Streifen (2,5 cm und 5 cm breit) ein Parallelogramm, in dem es keine rechten Winkel gibt.

6. Zeichne mit zwei 4 cm breiten Streifen eine Raute ohne rechte Winkel.

7. Wähle in einem Quadratgitter als Gittereinheit 1 cm, trage die Punkte ein und verbinde sie. Welches Viereck entsteht?
   a) A(3|1) B(7|5) C(5|7) D(1|3)
   b) A(1|6) B(8|6) C(11|9) D(4|9)

8. a) Übertrage ins Heft und spiegele an s.
   b) Übertrage, zeichne die Symmetrieachsen ein.

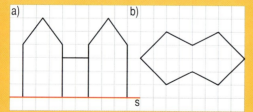

Merke:

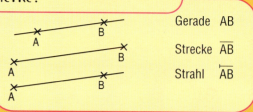

Gerade AB
Strecke $\overline{AB}$
Strahl $\overrightarrow{AB}$

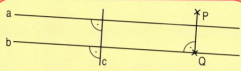

Zwei Geraden a und c, die einen rechten Winkel bilden, sind zueinander **senkrecht** (a ⊥ c).
Zwei Geraden a und b, die beide senkrecht zu einer Geraden c sind, verlaufen zueinander **parallel** (a ∥ b).
Die Länge der zu b senkrechten Strecke $\overline{PQ}$ heißt **Abstand** des Punktes P von der Geraden b.

Rechteck:
– vier rechte Winkel
– gegenüberliegende Seiten parallel und gleich lang

Quadrat:
– Rechteck mit vier gleich langen Seiten

Parallelogramm:
– gegenüberliegende Seiten parallel und gleich lang

Raute:
– Parallelogramm mit vier gleich langen Seiten

Eine **Diagonale** verbindet gegenüberliegende Eckpunkte.

Der Punkt **A(4|3)** hat die 1. Koordinate 4 und die 2. Koordinate 3.

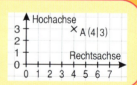

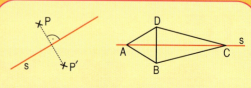

Spiegelachse s   **Symmetrieachse s**

Testen, Üben, Vergleichen
5 Zeichnen und Konstruieren

1. a) b)

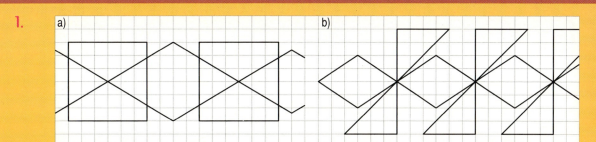

Zeichne die Muster mit dem Geodreieck ins Heft.

2. Schreibe jeweils vier Strecken, Strahlen und Geraden auf.

   a) Strecken: $\overline{AB}$, , , , ;
   b) Strahlen: $\overrightarrow{AC}$, , , , ;
   c) Geraden: AD, , , , .

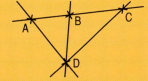

3. a) Zeichne das Rechteck mit den Seitenlängen 6 cm und 4 cm im Heft.
   b) Kennzeichne die Mittelpunkte der Seiten und verbinde sie zu einem Viereck. Wie heißt das Viereck?
   c) Zeichne im neuen Viereck die Diagonalen ein. Was kannst du über sie aussagen?

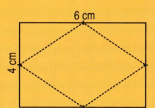

4. Raja soll ein Parallelogramm, ein Rechteck, eine Raute und ein Quadrat zeichnen. Er lacht: „Das schaffe ich mit einer einzigen Figur!" Was meinst du dazu?

5. a) Gib die Koordinaten der Eckpunkte der Rakete an.
   b) Die Rakete wird um 5 Gittereinheiten nach rechts zum Startplatz geschoben. Zeichne und gib die Koordinaten der neuen Eckpunkte an.
   c) Zeichne die Rakete, wenn sie 4 Gittereinheiten nach oben geflogen ist. Gib die neuen Koordinaten an.

6. Trage die Punkte in ein Quadratgitter ein. Zeichne das angegebene Viereck und ergänze die fehlenden Werte.

   a) Rechteck: A(3|2) B(9|2)   C(9|6)   D(■|■)
   b) Parallelogramm: A(5|3) B(13|3) C(■|■)   D(1|9)
   c) Raute: A(■|■) B(12|5) C(7|10) D(2|5)

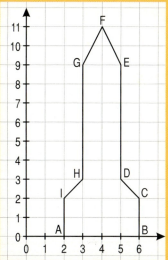

7. a) Übertrage ins Heft und spiegele an der Geraden s.
   b) Übertrage und zeichne die Symmetrieachsen ein.

a) b)

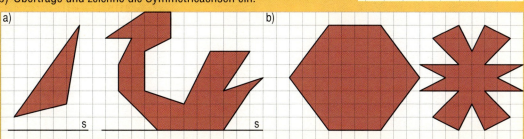

6 Größen

DEUTSCHER REKORD
0200,500 kg
EUROPAREKORD
0205,000 kg
WELTREKORD
0205,000 kg

Stand 1997

6 Größen

6 Größen

Geld

Aufgaben

1. Wie viel DM sind das zusammen?
   a) 7 Münzen zu 2 DM
   b) 4 Münzen zu 5 DM
   c) 20 Münzen zu 50 Pf
   d) 5 Münzen zu 50 Pf
   e) 13 Münzen zu 2 DM
   f) 15 Münzen zu 10 Pf
   g) 3 Scheine zu 500 DM
   h) 6 Scheine zu 20 DM
   i) 3 Scheine zu 20 DM

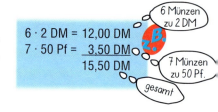

2. Esther zahlt mit einem 10-DM-Schein. Wie viel bekommt sie zurück?
   a) 7,50 DM
   b) 4,20 DM
   c) 3,80 DM
   d) 8,68 DM
   e) 7,32 DM
   f) 9,05 DM

3. a) Andreas hat 100 DM. Was kann er dafür alles kaufen?
   b) Er entscheidet sich für das T-Shirt und die Hose. Wie viel muss er zahlen? Wie viel Geld bleibt ihm übrig?

4. Berechne die Summe.

a) 18 DM	b) 17 DM	c) 25,00 DM	d) 105,75 DM
89 DM	213 DM	8,25 DM	39,15 DM
11 DM	429 DM	12,65 DM	207,50 DM

5. a) KEKSE 5,89 DM CHIPS 7,99 DM
   b) 6,99 DM 3,88 DM
   c) SAFT jede 4,99 DM
   d) COLA jede 0,99 DM 12,79 DM

   Jan zahlt mit einem 20-DM-Schein. Wie viel zahlt er? Wie viel bekommt er zurück?

6. a) 15 · 2 DM + 9 DM
      20 · 5 DM + 25 DM
   b) 6 · 13 DM + 2 · 5 DM
      8 · 12 DM + 6 · 7 DM
   c) 2 · 3,50 DM + 5 · 1,20 DM
      4 · 2,25 DM + 8 · 1,50 DM

7. Wie viel DM sind es ungefähr? Überschlage mit gerundeten Beträgen.
   a) 69 DM + 19 DM + 99 DM
   b) 123 DM + 59 DM + 49 DM
   c) 109,90 DM + 17,99 DM + 89,80 DM + 10,55 DM
   d) 99,80 DM + 58,75 DM + 19,90 DM + 5,29 DM

8. Von 1 000 000 DM träumt fast jeder einmal. Wie viele Scheine oder Münzen wären es?
   a) nur 100-DM-Scheine
   b) nur 50-DM-Scheine
   c) nur 5-DM-Münzen

SCHOKOLADE!
100-g-Tafel: 0,99
75-g-Tafel: 0,79
24 Riegel: 3,99
9 Riegel: 2,99

BUTTER & MILCH!!
Butter: 2,19
Buttermilch (500 g): 0,79
Vollmilch (1 l): 1,29
Joghurt (250 g): 0,69

MINERALWASSER (ohne Pfand)
Kasten (12 Flaschen): 6,38
Einzelflasche (0,7 l): 0,69

WASCHPULVER (1 kg): 4,99
Sparpaket (3 kg): 14,98

9. Eva hat 10 DM. Sie will Schokolade kaufen. Wie viele Tafeln oder Pakete kann sie kaufen?
   a) 100-g-Tafeln   b) 75-g-Tafeln   c) Pakete mit 24 Riegeln   d) Pakete mit 9 Riegeln

10. Arno hat noch 5 DM. Wie viel kann er einkaufen?
    a) Pakete Butter   b) Buttermilch   c) Vollmilch   d) Joghurt

11. Berechne den Preis wie im Beispiel:
    a) 5 Pakete Butter   b) 3 Liter Milch   c) 4 Joghurt
       7 Pakete Butter   5 Liter Milch   6 Joghurt
       9 Pakete Butter   7 Liter Milch   9 Joghurt

    ```
    5 · 3,99 DM  = 
    5 · 4,00 DM  = 20,00 DM
    5 ·    1 Pf  =  0,05 DM
    Preis:         19,95 DM
    ```

    Dein Vorteil: 3,99 DM gleich 4 DM minus 1 Pf.

12. Hier ist Martins Einkaufszettel.
    a) Reichen 20 DM?   b) Berechne den Preis.
    c) Martin zahlt mit einem Schein. Wie viel DM erhält er zurück?

    3 Pakete Butter
    4 l Milch
    2 Joghurt
    3 Schokoladen (100 g)
    1 kg Waschpulver

13. Vergleiche die Preise und Mengen. Rechne mit den angegebenen Preisen. Was würdest du kaufen?
    a) 3 Pakete Waschpulver zu 1 kg   b) 20 Tafeln Schokolade zu 75 g
       oder 1 Sparpaket Waschpulver   oder 15 Tafeln Schokolade zu 100 g

14. a) Wie teuer sind 12 Flaschen Mineralwasser?
    b) Was spart man, wenn man statt 12 einzelne Flaschen einen vollen Kasten kauft?

15. Wie hoch ist die Rechnung? Wie viel Geld bekommt man auf den Schein wieder zurück?

    a) METZGEREI Wald — 19,85 DM / 0,80 DM / 16,25 DM / 8,65 DM (50 DM)

    b) Bäckerei BUNDER — 4,45 DM / 17,- DM / 2,99 DM / 9,10 DM (50 DM)
    c) Gärtnerei Schmitz — 24,90 DM / 7,80 DM / 19,30 DM / 3,85 DM (100 DM)

    d) BUCHLADEN ALFEN — 14,- DM / 28,90 DM / 9,80 DM / 18,95 DM (100 DM)

16. Frau Sommer zahlt mit einem einzigen Geldschein. Überschlage den Gesamtpreis, dann siehst du, womit sie zahlt.
    a) 2,19 DM + 6,38 DM + 14,98 DM   b) 1,29 DM + 0,99 DM + 6,38 DM + 14,98 DM

17. Mit welchem Geldschein kannst du bezahlen? Wie viel bekommst du zurück?
    a) 2,99 DM + 12,88 DM + 0,69 DM   b) 9,99 DM + 0,78 DM + 10,88 DM   c) 4 · 11,99 DM

18. Überschlage, welcher Geldschein hier zum Bezahlen reicht.
    a) 3 · 0,99 DM + 5 · 2,19 DM   b) 5 · 0,79 DM + 4 · 3,99 DM   c) 4 · 0,69 DM + 2 · 4,99 DM

6 Größen

Längen messen und schätzen

Merke: Messen heißt Vergleichen mit einer Einheit.

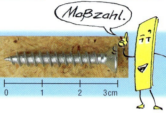

Aufgaben

1. Früher wurde viel mit den Körpermaßen Spanne und Elle gemessen.
   a) Vergleiche deine Spanne mit der Höhe deines Gesichts und mit der Länge deiner Elle.
   b) Schätze deine Spanne und Elle in cm. Miss anschließend mit einem Zentimeterband.

2. a) Marcus Elle ist 32 cm lang. Mit ihr misst er die Höhe der Wand: 25 Ellen. Wie viel cm oder m sind das?
   b) Torsten misst dieselbe Länge: 20 Ellen. Wie lang ist seine Elle?

3. a) Monikas Spanne ist 15 cm lang. Mit ihr misst sie die Länge des Tisches: 14 Spannen: Wie viel cm sind das?
   b) Yvonne misst dieselbe Länge: 15 Spannen. Wie lang ist ihre Spanne?

4. Olis Vater sagt: „Unsere Straße ist 80 Schritte lang." Oli sagt: „Nein, es sind 120 Schritte." Erkläre, ob beide Recht haben können. Die Straße ist 60 m lang.

5. Ein Stockwerk eines Hauses ist ungefähr 3 m hoch.
   a) Schätze die Höhe des Hochhauses.
   b) Schätze die Höhe des Baumes.

6. Ein Neubau für eine Bank wird errichtet, insgesamt 50 Stockwerke, das unterste doppelt so hoch wie die anderen (6 m). Wie hoch wird das Gebäude ungefähr?

7. Autos (Pkws) sind ungefähr 5 m lang. Schätze damit:
   a) Wie viele Autos stehen in einem 3 km langen Stau auf einer zweispurigen Autobahn?
   b) Wie lang ist ein Stau mit 5 000 Autos?

6 Größen

Messen und umwandeln

Merke:

1 km = 1000 m   1 m = 10 dm   1 dm = 10 cm   1 cm = 10 mm

Aufgaben

1. Ordne die passende Länge zu.
- a) Türhöhe
- b) Stuhlbreite
- c) Handballdurchmesser
- d) Türbreite
- e) Marathonstrecke
- f) Lokomotivlänge
- g) Stadionrunde
- h) Zündholzlänge
- i) Wespenstachel
- j) Autolänge
- k) Mt. Everest Höhe
- l) Triathlon-Schwimmen

42 195 m   45 mm   3 mm   95 cm   5 m   5 dm   23 m   400 m   8 848 m   2 m   17 cm   3 800 m

2. Wie viel Millimeter sind es?
a) 5 cm   b) 7 cm   c) 2 cm   d) 10 cm   e) 13 cm   f) 20 cm

3. Wie viel Zentimeter und Millimeter sind es?
a) 15 mm   b) 43 mm   c) 68 mm   d) 100 mm   e) 175 mm

4. Wie viel Millimeter sind es?
a) 3 cm 4 mm   b) 7 cm 3 mm   c) 5 cm 8 mm   d) 10 cm 3 mm   e) 12 cm 5 mm   f) 21 cm 8 mm

5. Wie viel Zentimeter sind es?
a) 2 m   b) 6 m   c) 12 m   d) 4 m 12 cm   e) 6 m 8 cm   f) 2 m 75 cm

6. Wie viel Meter und Zentimeter sind es?
a) 250 cm   b) 207 cm   c) 317 cm   d) 860 cm   e) 745 cm   f) 1 000 cm
   315 cm   412 cm   468 cm   583 cm   103 cm   1 400 cm

7. Wie viel Meter sind es?
a) 3 km   b) 7 km   c) 15 km   d) 3 km 400 m   e) 5 km 250 m   f) 7 km 355 m

8. Wie viel Kilometer und Meter sind es?
a) 1 500 m   b) 3 700 m   c) 8 240 m   d) 4 025 m   e) 12 400 m   f) 100 000 m

9. Autolängen werden im Verkaufsprospekt in Millimetern angegeben.
Wie viel Meter, Zentimeter und Millimeter ist das Auto lang bzw. breit?

Länge: 4 020 mm
Breite: 1 578 mm

6 Größen

Kommaschreibweise

Beispiele:

cm	mm		10,5 cm
10	5	= 10 cm 5 mm
		= 105 mm

m	cm		0,35 m
0	3 5	= 0 m 35 cm
		= 35 cm

km		m		12,5 km
12	5	0 0	= 12 km 500 m
			= 12 500 m

z.B.

Aufgaben

1. Wie viel Zentimeter sind es? Schreibe mit Komma.
a) 25 mm b) 73 mm c) 56 mm d) 98 mm e) 121 mm f) 3 mm

2. Wie viel Millimeter sind es?
a) 3,2 cm b) 0,7 cm c) 5,3 cm d) 8,6 cm e) 11,2 cm f) 15,3 cm

3. Für Kinder ist die Kleidergröße gleich Körperlänge in cm.
a) Esthers Vater weiß, dass sie 1,46 m groß ist. Er möchte ihr eine Jacke kaufen. Welche Größe muss er wählen?
b) Für Esthers Bruder Jan wird eine Hose in Größe 128 gekauft. Wie groß ist Jan, wenn die Hose genau passt?

4. Wie viel Zentimeter sind es?
a) 1,75 m b) 0,53 m c) 2,35 m d) 3,70 m

5. Wie viel Meter sind es? Schreibe mit Komma.
a) 127 cm b) 168 cm c) 258 cm d) 83 cm

6. Wie viel Meter sind es?
a) 1,8 km b) 1,25 km c) 0,7 km d) 4,5 km e) 10,3 km f) 12,7 km

7. Wie viel Kilometer sind es? Schreibe mit Komma.
a) 3 500 m b) 800 m c) 1 600 m d) 1 750 m e) 8 700 m f) 12 300 m

8. Wie viel ganze km sind es ungefähr? Runde.
a) 1,3 km   b) 4,5 km   c) 2,9 km   d) 3,4 km
   1,8 km   3,7 km   2,2 km   1,6 km

2,4 km ≈ 2 km
2,5 km ≈ 3 km

Bei 0,1,2,3,4 abrunden.
Bei 5,6,7,8,9 aufrunden.

9. Wie viel ganze Meter sind es ungefähr? Runde.
a) 1,20 m b) 2,85 m c) 2,48 m d) 9,75 m e) 10,83 m f) 8,57 m g) 6,39 m

Rechnen mit Längenmaßen

Merke:

Rechnen mit Längenmaßen in Kommaschreibweise erfolgt schrittweise:

① Umwandeln in eine kleinere Einheit, ohne Komma
② Rechnen ohne Komma
③ Umwandeln in die ursprüngliche Einheit

Beispiele:

3,84 m − 1,73 m =① 384 cm − 173 cm =② 211 cm =③ 2,11 m

1,6 km · 4 =① 1 600 m · 4 =② 6 400 m =③ 6,4 km

Aufgaben

1. a) 2,60 m + 1,50 m
   1,75 m + 0,80 m
   b) 4,83 m − 2,58 m
   5,35 m − 1,75 m
   c) 6,24 m + 2,49 m
   7,27 m − 2,84 m
   d) 3,34 m − 1,99 m
   5,64 m + 2,58 m

2. a) 1,30 m · 7
   8,45 m · 8
   b) 12,75 m · 5
   18,25 m · 9
   c) 15,75 m : 3
   18,20 m : 4
   d) 38,10 m : 6
   6,35 m · 7

3. a) 15,4 cm + 6,8 cm
   32,7 cm + 8,1 cm
   b) 42,3 cm + 28,7 cm
   29,4 cm + 38,9 cm
   c) 48,6 cm − 24,5 cm
   67,2 cm − 21,9 cm
   d) 35,6 cm − 27,6 cm
   42,3 cm − 18,9 cm

4. a) 12,4 km + 4,8 km
   18,6 km − 4,3 km
   b) 23,4 km − 9,9 km
   53,2 km + 19,8 km
   c) 8,4 km : 3
   4,3 km · 5
   d) 24,720 km : 6
   13,125 km · 4

5. Ein 3,50 m breites Regal wird durch ein Anbauteil um 75 cm verbreitert. Wie viel Meter ist die neue Regalbreite?

   3,50 m + 75 cm
   = 350 cm + 75 cm
   = …

6. Der Radweg von Marlach zum Kloster Schöntal ist 9,4 km lang, davon sind 7,8 km geteert. Wie lang ist die nicht geteerte Strecke?

7. a) 12,7 km + 0,9 km
   9,4 km − 2,7 km
   b) 24,25 m − 2,75 m
   16,25 m + 7,85 m
   c) 2,5 km − 0,8 km
   8,3 km + 1,7 km
   d) 4,65 m + 2,28 m
   7,42 m − 3,91 m

   Zuerst alle Längen in derselben Einheit.

8. Wie viele 75 cm breite Regale passen in eine 6 m lange Wand?

   6 m : 75 cm
   = 600 cm : 75 cm
   = …

9. a) 3,2 m : 80 cm
   4,9 m : 70 cm
   b) 6,25 m : 125 cm
   1,25 m : 25 cm
   c) 4,2 km : 600 m
   5,4 km : 450 m

6 Größen

Vermischte Aufgaben

1. An der Kirche in Schwäbisch Hall ist eine „Norm-Elle" in der Mauer zum Marktplatz.
   a) Wozu brauchte man sie? Jeder Mensch hat doch eine Elle am eigenen Körper.
   b) Die Norm-Elle ist 610 mm lang. Wie viel Zentimeter sind das? Schreibe mit Komma.
   c) Wie viel Meter sind 4 Ellen (= 1 Klafter)?
   d) Runde die Norm-Elle auf ganze Zentimeter und auf ganze Dezimeter.

2. Im Alten Testament (1. Moses 7) steht, wie Noah seine Arche bauen sollte: „Dreihundert Ellen sei die Länge, fünfzig Ellen die Breite und dreißig Ellen die Höhe." Wie groß sind die Abmessungen der Arche in Metern? Rechne mit dem gerundeten Wert 1 Elle ≈ 0,44 m (1 Elle = 0,444 m im alten Testament).

3. Wandle um: Kilometer in Meter und umgekehrt Meter in Kilometer.
   a) 3,5 km   b) 9,8 km   c) 0,7 km   d) 5 700 m   e) 8 400 m   f) 600 m

4. Wandle um: Meter in Zentimeter und umgekehrt.
   a) 1,80 m   b) 8,10 m   c) 13,9 m   d) 390 cm   e) 275 cm   f) 85 cm

5. Die Länge von Schrauben wird in Millimeter angegeben. Wandle um: Zentimeter in Millimeter und umgekehrt.
   a) 4,5 cm   b) 12,7 cm   c) 63 mm   d) 248 mm

6. Wie viel Zentimeter fehlen am ganzen Meter?
   a) 70 cm   b) 29 cm   c) 63 cm   d) 0,47 m   e) 0,23 m   f) 0,5 m

7. Wie viel Meter fehlen am ganzen Kilometer?
   a) 400 m   b) 350 m   c) 486 m   d) 0,7 km   e) 0,350 km   f) 0,5 km

8. Ordne die Längen nach der Größe, beginne mit der kleinsten.
   a) 250 cm; 205 cm; 199 cm; 25 cm
   b) 325 m; 3,52 m; 340 cm; 4,1 m
   c) 4 km 300 m; 4,6 km; 3 900 m; 4,500 km
   d) 6,3 km; 3 600 m; 6,090 km; 6,9 km

9. Runde auf ganze Zentimeter.
   a) 8,6 cm   b) 12,3 cm   c) 38,4 cm   d) 24,7 cm   e) 14,9 cm   f) 19,8 cm

10. Runde auf ganze Meter.
    a) 24,70 m   b) 7,42 m   c) 9,91 m   d) 12,92 m   e) 19,47 m   f) 74,50 m

11. Runde auf ganze Kilometer.
    a) 5,290 km   b) 2,950 km   c) 9,250 km   d) 21,5 km   e) 15,3 km   f) 19,6 km

12.

6 Größen

13.

a) Jeder Wagen des Nahverkehrszuges ist 26,80 m lang, die Lokomotive 16,64 m. Wie lang ist der Zug?
b) Jeder Wagen hat 119 Sitzplätze. Wie viele hat der ganze Zug?
c) Wie viele Pkws mit 5 Sitzplätzen haben ungefähr dieselbe Anzahl Plätze wie der Zug?

14.
a) 24,7 m + 18,6 m
   24,7 m − 18,6 m
b) 14,25 m + 8,55 m
   8,94 m − 4,63 m
c) 56,70 m + 26,20 m
   42,80 m − 18,30 m
d) 16,78 m + 19,64 m
   22,64 m − 19,49 m

15. Der Flur in Tamaras Schule ist mit Platten ausgelegt. Tamara zählt für die Länge des Flures 32 Platten. Jede Platte ist 4 dm lang. Berechne die Länge in Metern.

16.
a) 0,6 m · 24
   1,59 m : 3
b) 0,960 km : 8
   10,5 km · 6
c) 22,7 cm · 9
   50,4 cm : 9
d) 5,40 m · 12
   45,60 m : 12

17. Vier gleich hohe Steinquader wurden zu einer Säule aufeinander gesetzt. Diese Säule ist insgesamt 2,48 m hoch. Wie hoch sind die einzelnen Steinquader?

18. Die Marathonstrecke ist 42,195 km lang.
a) Runde die Streckenlänge auf ganze km.
b) Wie viele Stadionrunden (400 m) ergeben ungefähr die Länge des Marathons?
c) Beim Wandern schaffst du 5 km in einer Stunde. Wie lange wärst du ungefähr auf der Marathonstrecke unterwegs?
d) Vergleiche die Marathonstrecke mit der Länge deines Schulweges.

19. Bei einem Radrennen werden 20 Runden gefahren, jede 7,2 km lang.
a) Wie lang ist die Gesamtstrecke des Rennens.
b) Du schaffst etwa 20 km in einer Stunde. Wie lange würdest du für das Rennen ungefähr brauchen?
c) Rennfahrer fahren etwa 40 km pro Stunde. Wie lange ungefähr dauert das Rennen?

20. Wasser ist aufs Blatt gespritzt und hat einiges verwischt. Kannst du es ergänzen?

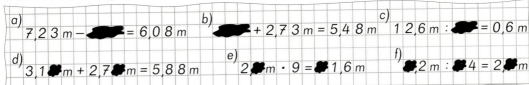

a) 7,23 m − ■ = 6,08 m
b) ■ + 2,73 m = 5,48 m
c) 12,6 m : ■ = 0,6 m
d) 3,1■ m + 2,7■ m = 5,88 m
e) 2■ m · 9 = ■1,6 m
f) ■2 m : ■4 = 2■ m

21. Wie viel Kilometer sind 1 Million Millimeter? Wie lange brauchst du, um so weit zu laufen?

22. Karsten sprang bei den Bundesjugendspielen 20 cm weiter als Andreas. Ihre beiden Weiten betrugen zusammen 7,4 m. Wie weit sprangen die beiden Jungen?

23. Silke ist 3 cm größer als Carla. Monika ist 3 cm kleiner als Silke. Alle drei zusammen sind 4,44 m groß. Wie groß sind die drei Mädchen jeweils?

6 Größen

Masse*

1 Tonne (1 t)

1 Kilogramm (1 kg)

1 Gramm (1 g)

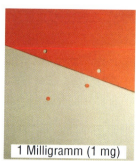
1 Milligramm (1 mg)

Merke:

1 t = 1 000 kg   1 kg = 1 000 g   1 g = 1 000 mg   Maßzahl Maßeinheit
                                                                    12   kg

Umrechnungszahl 1000

Aufgaben

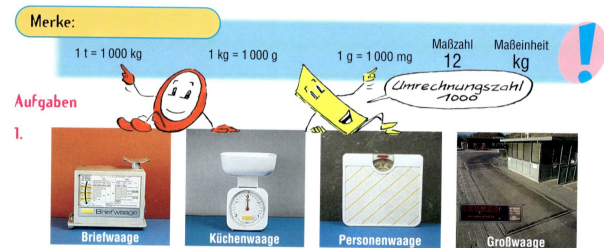

1. Mit welcher Waage würdest du das wiegen?
   a) Packung Mehl   b) Minibus   c) dich selbst   d) Schulheft
   e) Schulbuch   f) Waschmaschine   g) 1 Esslöffel Zucker   h) gepackter Koffer

2. Wie viel wiegt das? Ordne die Massen richtig zu.
   a) Brötchen   b) Fünfmarkstück   c) Flasche Sprudel
   d) Füller   e) Turnschuh   f) Schultasche

3. Mit welcher Maßeinheit würdest du die Masse angeben?
   a) Lkw-Ladung   b) Fernsehgerät   c) Brotlaib   d) Tortenstück
   e) Flaumfeder   f) Fahrrad   g) Schulbus   h) Bleistift

4. 1 Liter Wasser wiegt 1 kg. Erkläre den Messvorgang.

5. Was kannst du leichter tragen: 1 Kilo Blei oder 1 Kilo Styropor?

6.

Ordne danach, wer mehr wiegt, vom Leichtesten zum Schwersten.

---
*) In der Umgangssprache wird dafür häufig das Wort „Gewicht" verwendet.

6 Größen

7. Wie viel Gramm sind das?
a) 3 kg   b) 5 kg   c) 10 kg   d) 4 kg 800 g   e) 2 kg 515 g   f) 11 kg 300 g

8. Wie viel Kilogramm und Gramm sind das?
a) 1 300 g   b) 2 700 g   c) 2 870 g   d) 10 700 g   e) 3 050 g   f) 10 100 g

9. Brote werden gewogen. Wie viel Gramm wiegen sie mehr oder weniger als 1 kg?
a) 1 085 g   b) 995 g   c) 1 055 g   d) 935 g   e) 967 g   f) 1 034 g

10. a) Wiegen die Zutaten insgesamt mehr oder weniger als 1 kg?
b) Werden die fertigen Teufelsküsse genauso viel wiegen?

Teufelsküsse
250 g Butter
100 g Puderzucker
100 g Schokolade (gerieben)
50 g Mehl
250 g Speisestärke

Butter und Zucker schaumig rühren, Schokolade, Mehl und Speisestärke dazu. Kleine Kugeln auf ein Blech setzen und für 10 min in den 190 °C warmen Backofen schieben.

11. Wie viel fehlt am ganzen Kilogramm?
a) 600 g   b) 840 g   c) 873 g
790 g   480 g   948 g

12. Wieviel Kilogramm sind es ungefähr? Runde.
a) 2 730 g   b) 7 230 g   c) 12 470 g   d) 5 493 g
3 280 g   8 610 g   12 560 g   6 712 g

2 480 g ≈ 2 000 g ≈ 2 kg
2 503 g ≈ 3 000 g ≈ 3 kg

13. Durch unterschiedliche Ausstattung wiegt dasselbe Automodell unterschiedlich viel. Um wie viel Kilogramm wird 1 Tonne unter- oder überschritten?
a) 945 kg   b) 1 055 kg   c) 982 kg   d) 1 087 kg   e) 1 109 kg   f) 973 kg

14. Wie viel Kilogramm fehlen an der ganzen Tonne?
a) 800 kg   b) 753 kg   c) 418 kg   d) 707 kg   e) 897 kg   f) 697 kg

15. Wie viel Kilogramm sind es?
a) 12 t   b) 43 t   c) 8 t 200 kg   d) 9 t 370 kg   e) 17 t 500 kg   f) 6 t 60 kg

16. Wie viel Tonnen und Kilogramm sind es?
a) 4 320 kg   b) 9 430 kg   c) 7 510 kg   d) 12 080 kg   e) 11 910 kg   f) 19 640 kg

17. Wie viel Tonnen sind es ungefähr? Runde auf ganze Tonnen.
a) 7 820 kg   b) 7 420 kg   c) 9 390 kg   d) 10 671 kg   e) 9 495 kg   f) 17 522 kg

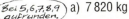
Bei 5,6,7,8,9 aufrunden.

Bei 0,1,2,3,4 abrunden.

18.
 a) 20 Stück
 b) 400 Stück
 c) 3 Stück
 d) Kolibri-Ei 4 Stück

Die angegebene Stückzahl wiegt 1 g. Wie viel Milligramm wiegt jedes einzelne Stück?

19. Ein Ei wiegt 25 g und ein halbes Ei. Wie viel Gramm wiegt das Ei?

20. Die volle Flasche wiegt 1 200 g, die leere ist 200 g leichter als der Inhalt. Wie viel wiegt der Inhalt?

6 Größen

Kommaschreibweise

Beispiele:

7,5 t				= 7 t 500 kg		2,450 kg				= 2 Kg 450 g		1,031 g				= 1 g 31 mg
t		kg			kg			g			g			mg		
7	5	0	0	= 7 500 kg	2	4	5	0	= 2 450 g		1	0	3	1	= 1 031 mg

Aufgaben

1. Bei ihrer Geburt wog Annika 3,1 kg. Wie viel Gramm sind es mehr als 3 Kilogramm?

2. Wie viel Gramm sind es?
   a) 2,700 kg   b) 4,900 kg   c) 3,250 kg   d) 2,843 kg   e) 5,5 kg   f) 12,4 kg

3. Wie viel Kilogramm sind es? Schreibe mit Komma.
   a) 4 300 g   b) 6 700 g   c) 6 070 g   d) 4 273 g   e) 5 645 g   f) 980 g

4. Wie viel Gramm fehlen zum nächsten vollen Kilogramm?
   a) 4,300 kg   b) 2,750 kg   c) 6,850 kg   d) 3,125 kg   e) 6,4 kg   f) 2,8 kg

5. Wie viel Kilogramm sind es ungefähr? Runde auf ganze kg.
   a) 2,7 kg   b) 4,350 kg   c) 4,4 kg   d) 12,580 kg   e) 5,730 kg
   1,2 kg   0,782 kg   3,8 kg   10,490 kg   3,295 kg

   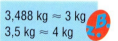
   3,488 kg ≈ 3 kg
   3,5 kg ≈ 4 kg

6. Ordne die Massenangaben nach der Größe, beginne mit der Kleinsten. Wie heißt das Lösungswort?

1,5 kg	2,5 kg	2,050 kg	1 950 g	0,270 kg	2,1 kg	2 900 g
E	E	T	N	Z	N	R

7. Wie viel kg darf ein Fahrzeug nach diesem Schild höchstens wiegen?

8. Wie viel Kilogramm sind es?
   a) 7,5 t   b) 13,4 t   c) 6,725 t   d) 7,480 t   e) 15,8 t

9. Wie viel Tonnen sind es? Schreibe mit Komma.
   a) 5 300 kg   b) 7 450 kg   c) 8 764 kg   d) 14 300 kg   e) 21 500 kg   f) 3 560 kg

10. Wie viel Tonnen sind es ungefähr? Runde auf ganze Tonnen.
    a) 6,7 t   b) 7,3 t   c) 4,250 t   d) 3 400 kg   e) 4 650 kg   f) 7 480 kg

6 Größen

Rechnen mit Massen

Beispiele:

1. Umrechnen in kleinere Einheit
2. Rechnen ohne Komma
3. Umrechnen in ursprüngliche Einheit

1,8 kg + 0,5 kg = 1 800 g + 500 g = 2 300 g = 2,3 kg
             ①   ②   ③

1,8 kg · 4 = 1 800 g · 4 = 7 200 g = 7,2 kg

Aufgaben

1. Bei ihrer Geburt wog Judith 2,9 kg, drei Monate später 5,2 kg. Wie viel hat sie zugenommen?

2. a) 4,3 kg + 2,5 kg   b) 3,4 kg + 8,7 kg   c) 5,1 kg − 3,6 kg   d) 7,4 kg − 5,2 kg
   e) 2,450 kg + 3,570 kg   f) 4,250 kg − 2,550 kg   g) 1,830 kg + 0,640 kg   h) 2,570 kg − 1,380 kg

3. a) 2,8 kg + 400 g   b) 7,3 kg − 800 g   c) 4,6 kg + 750 g   d) 3,5 kg − 700 g
   e) 2,370 kg + 850 g   f) 1,520 kg − 670 g   g) 0,920 kg − 450 g   h) 3,280 kg + 640 g

4. Ein Tierpark hat vier Löwen. Jeder erhält täglich 7,5 kg Fleisch als Futter.
   a) Wie viel ist das täglich für alle vier?
   b) Wie viel kg sind es im Monat (= 30 Tage)?
   c) Wie viel Tonnen sind es im Jahr?

5. a) 7,2 kg · 12   b) 12,3 kg · 8
   c) 4,8 kg : 8   d) 18,2 kg : 14

6. a) 7,3 kg · 4   b) 31,6 kg · 9   c) 24,6 kg · 10   d) 7,350 kg · 8
   e) 2,4 kg : 6   f) 16,8 kg : 7   g) 1,016 kg : 8   h) 10,8 kg : 12

7. Kerstin kauft im Supermarkt 12 Dosen, jede wiegt 300 g. Wie viel kg hat Kerstin zu tragen?

8. Die Samstagszeitung wiegt 370 g. Bernd muss 147 Zeitungen austragen. Wie viel kg muss er tragen?

9. Wie viele 125-g-Schokoladenhasen lassen sich aus 10 kg Schokomasse herstellen?

10. Mit 40 g ist der Zwergfalke der leichteste Raubvogel und der Condor mit 10 kg der schwerste. Wie viele Zwergfalken wiegen zusammen so viel wie ein Condor?

11. Eine Kiste mit sechs gefüllten Saftflaschen wiegt 8,3 kg. Die Kiste allein wiegt 800 g. Wie viel wiegt eine einzelne (volle) Saftflasche?

12. Eine Flasche Mineralwasser wiegt 1,3 kg, in einem Kasten sind 12 Flaschen. Der Kasten alleine wiegt 700 g. Passen zwei Kisten auf einen Fahrradanhänger für max. 40 kg?

13. Erik packt den Schulranzen. Mit Inhalt sollte er höchstens den zehnten Teil von Eriks Körpergewicht (42 kg) wiegen.

6 Größen

Zeit: Tag, Stunde, Minute, Sekunde

Merke:

1 Tag = 24 Stunden (h)   1 Stunde = 60 Minuten (min)   1 Minute = 60 Sekunden (s)

Aufgaben

1. Schätze, wie lange es dauert. Ordne die passenden Zeitangaben richtig zu.

ein Ei kochen	ein Fußballspiel	Klingelton	3 s	365 Tage	2 h 10 min
Sommerferien	Marathonlauf	ein Jahr	45 Tage	5 min	1 h 30 min

2. Dominik zählt seinen Pulsschlag. In einer Minute sind es 75 Schläge. Wie oft schlägt dein Herz in 1 min?

3. Versuche, genau 1 min lang die Augen zu schließen. Stoppe die Zeit. Wie viele Sekunden hast du zu kurz oder zu lange die Augen geschlossen?

4. Wie viele Stunden sind es?   a) 2 Tage   b) 4 Tage   c) 5 Tage   d) ein Tag und ein halber

5. Wandle in Minuten um.
   a) 2 h   b) 3 h   c) 5 h   d) 10 h   e) 12 h   f) eine Viertelstunde

6. Wie viele Sekunden sind es?   a) 2 min   b) 10 min   c) 30 min   d) eine Drittelminute

7. Rechne um in die angegebene Zeiteinheit. Kontrolle: Alle Zeiten in a) stehen auch in b)!
   a) 3 Tage 8 h (in h)   2 h 15 min (in min)   105 s (in min und s)   100 h (in Tage und h)
   b) 1 min 45 s (in s)   4 Tage 4 h (in h)   135 min (in h und min)   80 h (in Tage und h)

8. Ordne, beginne mit der kürzesten Dauer. Wie heißt das Lösungswort?

   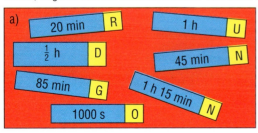
   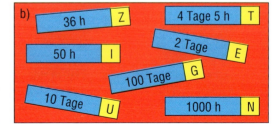

9. In einer Eieruhr läuft der Sand 5 min lang. Wie oft musst du sie umdrehen in
   a) 1 min   b) 3 min   c) 1 h   d) einer halben Stunde   e) 3 Viertel Stunde?

6 Größen

Anfang, Dauer, Ende

Beispiel:

Aufgaben

1. Vanessa hört die Zeitansage: „Es ist sieben Uhr zwanzig." Um 8 Uhr muss sie in der Schule sein.

2. Wie viele Minuten sind es bis zur nächsten vollen Stunde?
   a) 7.35 Uhr   b) 10.42 Uhr   c) 11.08 Uhr   d) 25 Minuten nach 10 Uhr   e) Viertel vor 9 Uhr

3. Eine Unterrichtsstunde dauert 45 min. Wann endet die Unterrichtsstunde beim angegebenen Anfang?
   a) 8.00 Uhr   b) 8.10 Uhr   c) 7.55 Uhr   d) 11.35 Uhr   e) 12.20 Uhr   f) 11.45 Uhr

4. Vom Hauptbahnhof fährt die Straßenbahn von 7.10 Uhr bis 9.10 Uhr alle 20 min.
   a) Wann fahren die Bahnen in dieser Zeit?   b) Wie viele Bahnen fahren in dieser Zeit?

5. Wann endet die Veranstaltung?

Beginn	a) 15.00	b) 9.00 Uhr	c) 15.30 Uhr	d) 17.45 Uhr	e) 20.10 Uhr
Dauer	90 min	2 h 15 min	3 h 45 min	2 h 50 min	$3\frac{1}{2}$ h

6. Ein Film endet um 17.30 Uhr. Er dauerte 70 min. Wann hat er angefangen?

7. Antonio ist 3 h 50 min mit dem Fahrrad gefahren. Wann ist er gestartet bei Ankunft um
   a) 16 Uhr;   b) 12.55 Uhr;   c) 9.15 Uhr;   d) Viertel vor 10 Uhr;   e) Viertel nach 11 Uhr?

8. Lies die Zeitpunkte ab. Wie lange dauert es von einem Zeitpunkt bis zum nächsten?

9. Wie lange dauert es?
   a) von 8.15 Uhr bis 12.30 Uhr   b) von halb acht morgens bis acht Uhr abends
   c) von 9.55 Uhr bis 20.05 Uhr   d) von sieben Uhr abends bis acht Uhr morgens

10. Berechne die fehlenden Werte

Anfang	a) 8.15 Uhr	b)	c) 9.25 Uhr	d)	e) 12.05 Uhr	f) 0.12 Uhr
Dauer	1 h 20 min	2 h 10 min		100 min	10 h 55 min	
Ende		10.00 Uhr	11.45 Uhr	13.10 Uhr		23.50 Uhr

11. Auf einer Uhr mit 12-Stunden-Anzeige ist es genau 1.00 Uhr.
    a) Wie spät ist es nach 100 Stunden auf dieser Uhr?
    b) Welche Uhrzeiten könnte wohl eine Digitaluhr mit 24-Stunden-Anzeige anzeigen?

6 Größen

Tag, Monat, Jahr

In 365 Tagen und rund 6 Stunden umkreist die Erde einmal die Sonne.
Im Kalenderjahr rechnet man mit ganzen Tagen:
1 Jahr = 365 Tage   1 Schaltjahr = 366 Tage
1 Jahr = 12 Monate

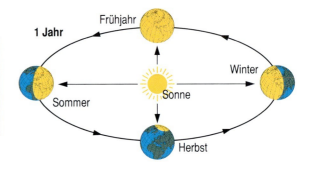

Aufgaben

1. Säugetiere brauchen unterschiedlich lange, bis sie erwachsen sind. Wie viele Monate sind es?
   a) Orang-Utan: 7 Jahre   b) Schimpanse: 10 Jahre   c) Rind: ein halbes Jahr

2. Andrea feiert ihren 12. Geburtstag.
   a) Wie viele Monate ist sie alt?   b) Wie viele Monate dauert es noch bis sie 18 ist?

3. Wie viele Monate sind es?   a) 4 Jahre   b) 4 J. 10 M.   c) 5 J. 5 M.   d) 10 J. 10 M.   e) zwei und ein halbes Jahr

4. Wandle um in Jahre und Monate.   a) 60 Monate   b) 100 Monate   c) 1 000 Monate   d) 233 Monate

5. Das Bild zeigt, wie lange die Planeten unserer Sonne für einen Umlauf brauchen.
   a) Der Merkur dreht sich in einem Jahr viermal um die Sonne. Wie viele Tage bleiben übrig?
   b) Wie oft umrundet die Venus in einem Jahr die Sonne? Wie viele Tage bleiben übrig?
   c) Der Mars braucht fast 2 Jahre für einen Umlauf. Wie viele Tage fehlen an 2 Jahren?

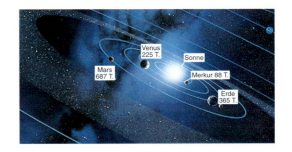

6. Eine Woche hat 7 Tage. Wie viele Wochen hat ein Jahr? Wie viele ein Schaltjahr?

7. Der 1. Januar 1999 ist ein Freitag. Im Vorjahr war es ein Donnerstag. Im Jahr 2000 ist es ein Samstag.
   a) Überprüfe das mit geeigneten Kalendern. Woran liegt das?
   b) Welcher Tag wird alle 4 Jahre „eingeschaltet"? Warum?

8. Manche Monate haben nur 30 Tage. Welche sind es?

9. Wie viele Tage liegen dazwischen?
   a) 1. Jan. – 20. Feb.   b) 13. März – 12 Juni
   c) 25. Mai – 6. Juli   d) 2. Aug. – 22. Nov.
   e) 10. Sept. – 24. Dez.   f) 19. Juni – 3. Nov.

10. Berühmte Frauen, wie alt sind sie geworden? Runde sinnvoll.
    a) Clara Schumann   * 13. 9.1819   † 20. 5.1896
    b) Marie Curie   * 7.11.1867   † 4. 7.1934
    c) Lise Meitner   * 7.11.1878   † 27.10.1968

6 Größen

Vermischte Aufgaben

1. Manchmal interessiert nur ein gerundeter Wert.
Welche Zeitspanne dauert ungefähr so lange? Ordne zu.

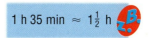
$1\ h\ 35\ min \approx 1\frac{1}{2}\ h$

genaue Zeitspanne	gerundete Dauer
2 h 37 min 125 s 1 000 Tage 100 Wochen 100 Tage 1 h 55 min 33 min 10 s 1 000 s	2 min 17 min $\frac{1}{2}$ h 2 h $2\frac{1}{2}$ h 3 Monate 2 Jahre 3 Jahre

2. Patrik ist 10 Jahre und 10 Monate alt. Wie viele Monate sind das?

3. Sind 12 Jahre mehr als 3 600 Tage oder sogar mehr als 4 800 Tage?

4. Die Vorräte einer Höhlenexpedition reichen noch für 60 Stunden. Wie viele Tage und Stunden kann die Expedition noch ohne Hilfe von außen auskommen?

5.

Zeit	Montag	Dienstag	Mittwoch	Donnerstag	Freitag
7.55 – 8.40	Deutsch	Mathematik	Religion	Mathematik	Sport
8.40 – 9.25	Biologie	Mathematik	Religion	Deutsch	Sport
9.45 – 10.30	Englisch	Englisch	Englisch	Englisch	Englisch
10.30 – 11.15	Mathematik	Gesch./Politik	Deutsch	Erdkunde	Deutsch
11.35 – 12.20	Kunst	Deutsch		Biologie	
12.20 – 13.05	Kunst	Erdkunde		Gesch./Politik	

Jans Stundenplan (5 a)

a) Wie viele Unterrichtsstunden hat Jan in einer Woche? Wie viele Zeitstunden und Minuten sind es?
b) Wie viele Stunden und Minuten hat Jan pro Woche Mathematik (Sport)?
c) Wie viele Minuten hat Jan Pause: am Donnerstag, am Mittwoch, in der ganzen Woche?

6. Arbeite mit dem Auszug aus dem Städtefahrplan Berlin – Bonn.

a) Wann fährt der erste Zug am Nachmittag, wann ist er in Bonn?
b) Bei drei der angegebenen Züge muss man nicht umsteigen. Wann fahren diese ab?
c) Wie lange fahren die durchgehenden Züge von Berlin nach Bonn?
d) Herr Schulz nimmt den Zug um 15.27 Uhr. Wo muss er umsteigen? Wie viel Minuten Aufenthalt hat er insgesamt? Wie lange dauert die Fahrt?

Berlin Zoolg. Garten → Bonn Hbf
641 km

ab	Zug		Umsteigen	an	ab	Zug		an	Verkehrstage
13.07	IC	507 ✕						19.18	Mo - Fr, So 06
13.38	RE	3226	Brandenburg Hbf	14.22	14.48	IC	607 ✕	20.18	04
13.46	ICE	599 ✕	Magdeburg Hbf	15.08	15.30	IC	607 ✕	20.18	täglich 03
13.53	ICE	599 ✕	Magdeburg Hbf	15.08	15.30	IC	607 ✕	20.18	04
15.07	IC	646 ✕	Dortmund Hbf	19.35	19.41	IC	738 ✕	21.12	täglich 03
15.13	IC	646 ✕	Dortmund Hbf	19.35	19.41	IC	738 ✕	21.12	04
15.27	IR	2340	Hannover Hbf	18.42	19.00	IC	644		Mo - Fr, So 06
			Köln Hbf	21.50	21.54	IC	736 ✕	22.12	
15.46	ICE	695 ✕	Braunschweig	17.56	18.18	IC	644		Mo - Fr, So 06
			Köln Hbf	21.50	21.54	IC	736 ✕	22.12	
17.07	IC	544 ✕						23.12	täglich 03
17.13	IC	544 ✕						23.12	04
18.48	ICE	640 ✕	Köln Hbf	0.04	0.09	SE	3575	0.37	täglich 03
18.55	ICE	640 ✕	Köln Hbf	0.04	0.09	SE	3575	0.37	07
22.51	S	2. Kl	Berlin-Wannsee	23.10	23.21	ICN	1944		Mo - Do, So 99 08
			Dortmund Hbf	5.50	6.05	ICE	821 ✕	7.42	

7. Frau Schmitz arbeitet an drei Tagen in der Woche. Sie hat 18 freie Arbeitstage. Wie viele Wochen kann sie Urlaub machen?

8. 22. Dezember, 12 Uhr: Die Ferien haben begonnen und Inga freut sich auf Heiligabend.
Wie viele Stunden sind es noch bis zum 24. Dezember 18.00 Uhr?

9. Mark ist am 2. April 1989 geboren. Wie alt ist er am 5.3.1998 (1.5.1999, 31.12.1999, 1.1.2001)?
a) Berechne das Alter in vollen Jahren.   b) Berechne das Alter in Jahren und vollen Monaten.

Sport

1. Bei großen Fußballspielen, die frühzeitig ausverkauft sind, bezahlen Fans stark erhöhte Preise für Eintrittskarten.
   Herr Bastian hat im Vorverkauf 6 Karten für je 73 DM gekauft. Welchen Verdienst hat er, wenn sich genug Käufer auf seine Anzeige melden?

6 Endspielkarten Tribüne, je 650 DM Tel. 05

2. Die bisher meisten Zuschauer in der Fußballbundesliga hatte das Spiel Hertha BSC gegen den 1. FC Köln (1:0). 88 074 kamen am 26. September 1969 ins Berliner Olympiastadion. Die wenigsten Zuschauer hatte das Spiel Rot-Weiß Oberhausen gegen Kickers Offenbach mit 1 352 in der Saison 1972/73.
   Berechne den Unterschied.

3. Bei der Fußballeuropameisterschaft 1996 in England sahen durchschnittlich 40 964 Zuschauer jedes der 31 Spiele. Wie viele waren es in allen Spielen zusammen?

4. Kurz nach dem Start eines Triathlons sind noch alle Starter dicht zusammen. Zuerst werden 3,8 km geschwommen, dann 180 km mit dem Rad gefahren und am Schluss 42,195 km gelaufen.
   Berechne die Gesamtstrecke.

5. 25 Chemnitzer verbesserten 1992 den acht Jahre alten Rekord im 100-km-Flossenschwimmen gleich um eine Stunde, 42 Minuten und 54 Sekunden und schwammen 14 Stunden, 12 Minuten und 47 Sekunden. Wie lautete der alte Rekord?

6. Der älteste Olympiasieger war der amerikanische Bobfahrer Jay O'Brian mit 48 Jahren und 357 Tagen. Er gewann 1932 in Lake Placid. 35 Jahre und 272 Tage jünger war Kim Yoon-Mi, die 1994 in Lillehammer der erfolgreichen südkoreanischen 3 000-m-Shorttrack-Staffel, einem Eisschnelllaufwettbewerb, angehörte.
   Wie alt war Kim Yoon-Mi, die jüngste Olympiasiegerin?

7. Beim Boxen dauert eine Runde 3 Minuten, die Pause dazwischen eine Minute. Am 21. Juni 1932 boxte Max Schmeling gegen Jack Sharkey in New York um die Weltmeisterschaft. Der Boxkampf begann um 22.09 Uhr. Wann beendete der Gong die 15. Runde?

8. Früher dauerten Boxkämpfe so lange, bis ein Kämpfer nicht mehr weiterboxen konnte. Der längste Kampf begann am 6.4.1893 um 21.15 Uhr und endete am Tag darauf um 4.43 Uhr.
   Überprüfe die Meldung im Guinness-Buch der Rekorde von 1993, dass der Kampf mit Pausen 449 Minuten dauerte.

Merkwürdige Rekorde

6 Größen

Merkwürdige Rekorde

1.

   Das ist das längste Auto der Welt. Es ist 30,48 m lang und rollt auf 26 Rädern durch Kalifornien (USA). Das Auto hat sogar einen Hubschrauberlandeplatz und einen Swimmingpool mit Sprungbrett. Es kann in zwei gleich lange Teile zerlegt werden. Wie lang ist dann jedes der beiden Autos?

2. Am 25. August 1990 verbesserte Simone Potsch ihren Rekord im Kirschkern-Weitspucken aus dem Jahre 1987 von 20,30 m auf 25,05 m. Um wie viel Zentimeter lag der neue Rekord über dem alten?

3. Die längste Thüringer Bratwurst gab es 1991 in Erfurt. Sie war 1638 m lang. Für wie viele Menschen reichte die Wurst, wenn jeder ein 24 cm langes Stück aß?

4. In nur 13,4 Sekunden zerteilte der Engländer Norman Johnson eine Gurke in 264 Scheiben. Wie lang war die Gurke, wenn jede Scheibe 2 mm dick war?

5. Das steht im Guinness-Buch der Rekorde von 1993: Zum längsten Lauf startete Alexander Parzella am 6. April 1988 in Münster. 100 Tage später traf er am 14. August 1988 wieder in Münster ein. Er hatte kreuz und quer durch Europa über 9 000 km durchlaufen. Die Meldung enthält einen Fehler.

6. Die größte Schokoladenfabrik steht in Hershey (USA). Sie hat eine Grundfläche von 185 000 m^2. Wie viele Fußballplätze wären von dieser Fabrik bedeckt? Ein Fußballplatz ist ungefähr 6 000 m^2 groß. Mache eine Überschlagsrechnung.

7. Diese Burg wurde 1991 in Bocholt aus 162 000 Bierdeckeln erbaut. Wie hoch wäre ein Turm, wenn man alle Bierdeckel (Dicke 2 mm) übereinander gestapelt hätte?

8. Am längsten unterwegs war eine Flaschenpost, die am 12. Juni 1914 an der schottischen Küste ausgesetzt wurde und am 6. August 1995 wiedergefunden wurde. Wie lange war die Flaschenpost im Wasser?

Testen, Üben, Vergleichen

6 Größen

1. Wie viele sind es in der kleineren Einheit?
   a) 3 cm 5 mm   b) 5 m 30 cm   c) 2 km 300 m
      7 cm 3 mm   2 m 72 cm   4 km 820 m

2. Schreibe mit Komma in der größeren Einheit.
   a)   64 mm   b) 175 cm   c) 8 700 m
       123 mm   238 cm   1 140 m

3. Schreibe ohne Komma in der kleineren Einheit.
   a) 4,2 cm   b) 4,58 m   c) 3,7 km
      8,7 cm   10,70 m   4,250 km

4. a) Von 6,40 m Geländer sind erst 2,70 m montiert.
   b) 5,70 m Geländer werden um 3,50 m verlängert.

5. Franz fährt eine 7,4 km lange Strecke 6-mal.

6. Bei einem 50-km-Lauf ist die Rundstrecke 8-mal zu laufen. Wie lang ist eine Runde?

7. Wie viele der kleineren Einheiten sind es?
   a) 4 kg 250 g   b) 2 kg 50 g   c) 3 t 400 kg

8. Schreibe mit Komma in der größeren Einheit.
   a) 3 720 g   b) 5 180 g   c) 12 700 kg

9. Schreibe ohne Komma in der kleineren Einheit.
   a) 4,630 kg   b) 1,5 kg   c) 5,8 t

10. Udos Fahrrad wiegt 14,8 kg, das Gepäck wiegt 5,4 kg. Wie schwer ist alles zusammen?

11. Mit Inhalt wiegt der Koffer 19,2 kg, ohne 3,4 kg.

12. a) Wie schwer sind 12 Platten, jede mit 3,6 kg?
    b) 8 Personen teilen sich einen 5-kg-Eimer Honig.

13. a) 3 Tage = ▨ h   b) 4 Tage 6 h = ▨ h
    c) 2 h = ▨ min   d) 3 h 15 min = ▨ min
    e) 4 min = ▨ s   f) 2 min 45 s = ▨ s
    g) 720 min = ▨ h   h) 480 s = ▨ min

14.
	a)	b)	c)	d)
Anfang	8.15 Uhr	12.30 Uhr	9.45 Uhr	
Dauer			2 h 10 min	4 h 30 min
Ende	10.30 Uhr	17.15 Uhr		18.15 Uhr

15. Bald ist deine Einschulung 5 Jahre her. Wie viele Monate sind das, wie viele Tage?

Merke:

Längen, Einheiten:
1 km = 1000 m   1 m = 10 dm = 100 cm
1 dm = 10 cm   1 cm = 10 mm

Kommaschreibweise bei Längen

km	m		12,5 km
12	5	0 0	= 12 km 500 m = 12 500 m

m	cm		2,35 m
2	3	5	= 2 m 35 cm = 235 cm

Rechnen in drei Schritten:
① Umwandeln in eine kleinere Einheit
② Rechnen ohne Komma
③ Umwandeln in die ursprüngliche Einheit
3,84 m + 1,73 m = 384 cm + 173 cm
                = 557 cm = 5,57 m
1,6 km · 4 = 1 600 m · 4 = 6 400 m = 6,4 km

Massen, Einheiten
1 t = 1 000 kg   1 kg = 1 000 g   1 g = 1 000 mg

Kommaschreibweise bei Massen

kg	g		2,450 kg
2	4	5 0	= 2 kg 450 g = 2 450 g

Rechnen in den Schritten ① ② ③:
1,8 kg + 0,5 kg = 1 800 g + 500 g = 2 300 g = 2,3 kg
1,8 kg · 4 = 1 800 g · 4 = 7 200 g = 7,2 kg
7,2 kg : 3 = 7 200 g : 3 = 2 400 g = 2,4 kg

Tag, Stunde, Minute, Sekunde
1 Tag = 24 h   1 h = 60 min   1 min = 60 s

Anfang   Dauer   Ende
8.45   3 h 30 min   12.15

1 Jahr = 12 Monate = 365 Tage

Testen, Üben, Vergleichen

6 Größen

1. An einem Wintertag scheint die Sonne 10 Stunden. Wie lange dauert an diesem Tag die Dunkelheit?

2. Ein Tierfilm beginnt um 18.30 Uhr und endet um 20.10 Uhr. Wie lange dauert der Film?

3. Stefanie betritt um 15.26 Uhr das Hallenbad. Ihre Badezeit ist 90 Minuten. Wann muss sie das Bad verlassen?

4. a) Wie lange dauert es bis zur planmäßigen Abfahrt des Zuges?
   b) Wie viel Zeit vergeht bis zur verspäteten Abfahrt?

IC Europa nach Köln
planm. Abf. 15.42 Uhr
voraus. Versp. 35 Min.

5. Martin kauft ein: 1 kg Mehl zu 1,69 DM, 12 Eier (Stückpreis 40 Pf) und 1 kg Bananen zu 2,79 DM. Er bezahlt mit einem 20-DM-Schein. Wie viel Geld erhält er zurück?

6. Die Autoreparatur dauert 3 Stunden. Jede Stunde wird mit 73,50 DM berechnet. Was kostet die Reparatur (ohne Ersatzteile)?

7. Ein Pkw ist 148 cm hoch. Es wird ein Fahrradträger montiert. Er erhöht das Auto mit den Fahrrädern um 78 cm. Darf man jetzt in ein Parkhaus einfahren, bei dem die Einfahrt auf 2,1 m begrenzt ist?

8. Ein Kleinlastwagen kann 3,6 t Nutzlast aufnehmen. Ein Gabelstapler transportiert bei jeder Fahrt 400 kg Last. Wie viele Fahrten des Staplers sind nötig, um den Laster zu beladen?

9. a) 24,7 m + 18,6 m   b) 14,25 m + 8,55 m   c) 56,70 m + 26,20 m   d) 16,78 m + 19,64 m
   24,7 m − 18,6 m   8,94 m − 4,63 m   42,80 m − 18,30 m   22,64 m − 19,49 m

10. Der Flur in Tamaras Schule ist mit Platten ausgelegt. Tamara zählt für die Länge des Flures 32 Platten. Jede Platte ist 4 dm lang. Berechne die Länge in Metern.

11. Silke möchte im Hallenbad 1 km schwimmen. Eine Bahn ist 25 m lang.
    a) Wie viele Bahnen muss sie schwimmen?
    b) Sie braucht etwa 40 s für jede Bahn. Wie lange wird Silke schwimmen?

12. Im Einkaufsmarkt wird Katzenfutter billiger angeboten. Jede Dose wiegt 400 g. Beate kauft 6 Dosen, wie viel kg hat sie zu tragen?

13. Im Urlaub ist Martina geradelt: Montag 47 km; Dienstag 56 km; Mittwoch 49 km; Donnerstag 52 km; Freitag 63 km; Samstag 35 km. Berechne die gesamte Strecke.

14. Karsten ist auf dem Sportplatz 7 Runden gelaufen, jede 400 m. Wie viel Kilometer sind das?

15. Sabine erzählt: „Unser Wohnhaus hat 16 Stockwerke." Wie hoch könnte dieses Haus etwa sein? Schätze erst, wie hoch 1 Stockwerk mit Decke ist.

16. Der Mount Everest ist 8 872 m hoch. Wie viel km sind das ungefähr? Runde.

17. Familie Mandel startet um 8 Uhr die Fahrt in den Urlaub. Um 16.30 sind sie am Zielort angelangt. Sie haben auf der Fahrt 3-mal 15 min und einmal 30 min Pause gemacht. Wie lang war die reine Fahrzeit?

18. Nach dem Schwimmtraining misst Carola ihren Puls. Sie zählt 18 Schläge in 10 s. Wie viele Herzschläge hat sie dann in 1 Minute?

7 Flächeninhalt

7 Flächeninhalt

7 Flächeninhalt

Zerlegen und Vergleichen von Flächen

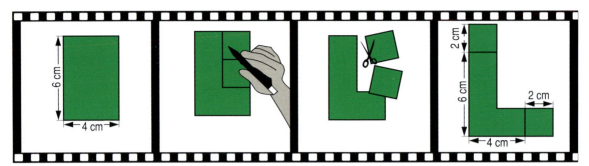

Lisa zerschneidet ein rechteckiges Stück Papier und legt es anschließend so zusammen, dass sie den Anfangsbuchstaben ihres Namens erhält. Vergleiche die Fläche des Buchstabens mit der Fläche des Rechtecks.

Merke:

Flächen von unterschiedlicher Form sind gleich groß, wenn man sie aus gleich großen Teilflächen zusammensetzen kann.

Beispiel:

Lege aus allen Teilflächen des Rechtecks ein Quadrat, sodass Rechteck und Quadrat dieselbe Größe haben.

Aufgaben

1. Zeichne ein Rechteck mit den Maßen 8 cm und 4 cm. Zerschneide so geschickt in Teilflächen, dass du den Buchstaben **F** legen kannst.

2. Jan bastelt im Werkunterricht eine Schachtel und möchte den Deckel mit Moosgummi bekleben. Die Lehrerin gibt ihm zwei gleich große rechteckige Stücke in grün und blau mit den Maßen 4 cm und 8 cm. Kann Jan daraus sein Muster herstellen? Zeichne dazu die zwei Rechtecke in dein Heft oder auf Tonpapier und zerlege sie. Überprüfe dann mithilfe von Jans Musterzeichnung. (Du kannst diese Aufgabe natürlich auch als Bastelvorlage nutzen.)

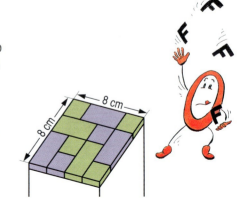

 3. Welche Druckbuchstaben kannst du in deinem Heft mithilfe der Kästchen zeichnen und zerlegen, sodass sie sich zu einem gleich großen Rechteck neu zusammensetzen lassen?

7 Flächeninhalt

Parkettieren

1. Familie Schmidt hat die Fußbodenbeläge in den Kinderzimmern erneuert. Die Zimmer von Stefan, Sabine und Hella sind mit Korkfliesen ausgelegt worden. Stefan sagt: „Sabine hat es gut. Sie hat am meisten Platz in ihrem Zimmer." Stimmt das?

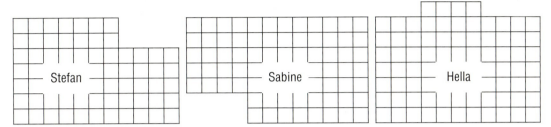

2. Zeichne das angefangene Muster in dein Heft und setze es bis zum Heftrand fort. Vergleiche die beiden verschieden eingefärbten Flächen miteinander. Was stellst du fest?

a)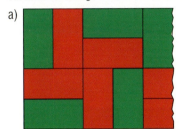
b)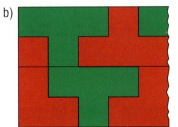
c)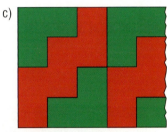

3. Familie Fischer hat damit begonnen, ihren Balkon zu fliesen. Die Fliesen sind quadratisch (40 cm x 40 cm). Der Balkon ist 2 m breit und 4 m lang.

a) Zeichne den Balkon. Wähle 1 cm für 1 m Balkonlänge.
b) Zeichne die Fliesen. Wähle 1 mm für 10 cm.
c) Wie viele Fliesen braucht Familie Fischer?

4. Mittlerweile hat die Sophie-Scholl-Schule 16 Klassen. Dafür ist der bisherige Schulhof zu klein.
Für einen neuen Schulhof werden die Grundstücke I und II angeboten.

a) Zeichne den bisherigen Schulhof und die Grundstücke I und II in dein Heft.
b) Eins zeigt dir den Platz für eine Klasse. Zerlege alle drei Grundstücke in Quadrate dieser Größe.
c) Wie viele Klassen haben auf den drei Grundstücken jeweils Platz?

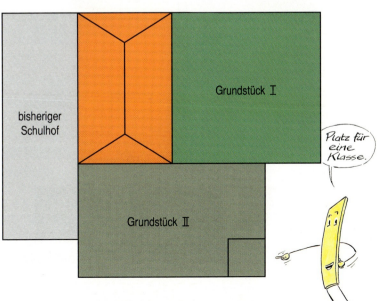

Platz für eine Klasse.

7 Flächeninhalt

Parkettieren mit Quadratzentimetern

Merke:

Ein Quadrat mit einer Seitenlänge von 1 cm hat den Flächeninhalt 1 cm² (1 Quadratzentimeter). Es wird als Maßquadrat für die Flächenmessung benutzt.

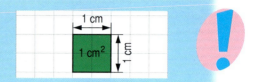

Beispiel:

Wie viele Maßquadrate von 1 cm² sind in der angegebenen Fläche enthalten?

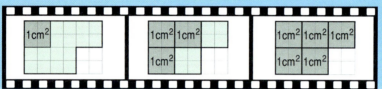

Es sind 5 Maßquadrate mit 1 cm². Also ist der Inhalt der Fläche 5 cm².

Aufgaben

1. Gib den Inhalt der Fläche in cm² an.

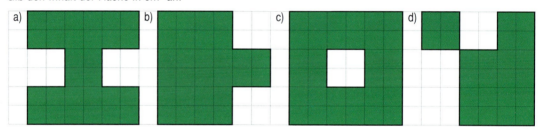

2. Zeichne jedes Mal ein Quadrat mit 10 cm Seitenlänge und färbe darin die Fläche mit:

   a) 70 cm²   b) 30 cm²   c) 10 cm²   d) 25 cm²   e) 65 cm²

3. Wie viele Maßquadrate der Größe 1 cm² passen hinein?

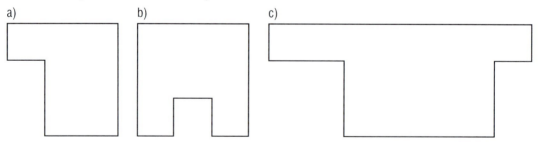

4. Welche Flächeninhalte sind gleich groß?

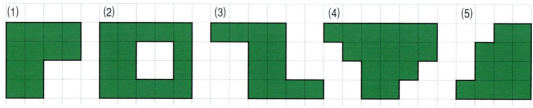

Flächeninhalt des Rechtecks

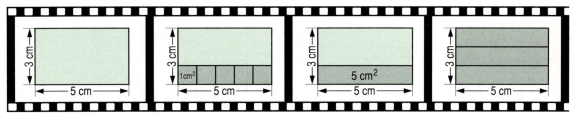

Susann soll den Inhalt der rechteckigen Fläche in Quadratzentimetern angeben.

Merke:

Den Flächeninhalt A eines Rechtecks berechnet man so:
A = Flächeninhalt eines Streifens · Anzahl der Streifen

Beispiel:

Aufgaben

1. Berechne den Flächeninhalt des gezeichneten Rechtecks. Übertrage dazu die Zeichnung in dein Heft, unterteile dann in Streifen und den 1. Streifen in Quadratzentimeter; nun rechne.

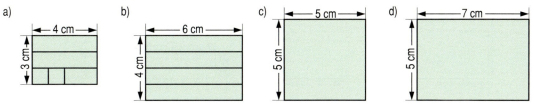

2. Berechne den Flächeninhalt des Rechtecks. Wenn es dir hilft, fertige eine Zeichnung an.
   a) Länge 7 cm und Breite 3 cm   b) Länge 8 cm und Breite 4 cm   c) Länge 6 cm und Breite 6 cm

3. Berechne den Flächeninhalt des Rechtecks.

	a)	b)	c)	d)	e)	f)
Länge	9 cm	4 cm	12 cm	15 cm	25 cm	12 cm
Breite	1 cm	5 cm	9 cm	15 cm	17 cm	31 cm

4. Peter: „Mein Rechteck hat zwei Seiten von 11 cm und zwei Seiten von 8 cm. Leider weiß ich nicht, was die Länge und was die Breite ist. Dann kann ich den Flächeninhalt nicht berechnen." – Was sagst du dazu?

7 Flächeninhalt

Umfang des Rechtecks

Merke:

Der Umfang eines Rechtecks ist die Summe der vier Seitenlängen.

Beispiel:

Berechne den Umfang eines Rechtecks mit den Seitenlängen 3 cm und 5 cm.

u =   5 cm   +   3 cm   +   5 cm   +   3 cm   =   **16 cm**

Aufgaben

1. Berechne den Umfang des abgebildeten Rechtecks.

   a) 6 cm × 4 cm   b) 4 cm × 4 cm   c) 5 cm × 2 cm   d) 5 cm × 3 cm

   e) 4 cm × 5 cm   f) 10 cm × 3 cm   g) 8 cm × 5 cm

2. Berechne den Umfang des Rechtecks. Vielleicht hilft dir eine Skizze.

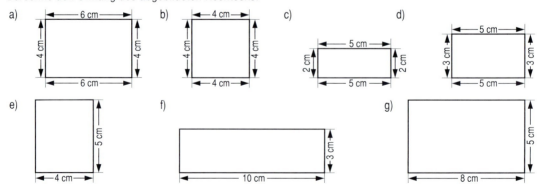

	a)	b)	c)	d)	e)	f)
Länge	8 cm	15 cm	38 cm	72 cm	16 cm	26 cm
Breite	7 cm	10 cm	59 cm	16 cm	20 cm	58 cm

7 Flächeninhalt

Vermischte Aufgaben

1. Ordne die passenden Flächeninhalte zu.

2. Bestimme den Umfang durch Ausmessen und Ausrechnen.
   a) von deinem Mathematikbuch
   b) von deinem Rechenheft
   c) vom Poster deines Lieblingspopstars
   d) von einem Stück Schokolade

3. Frau Hotop, Herr Ekkart und Frau Sommer müssen ihre Schrebergärten einzäunen, da das angebaute Gemüse auch den Kaninchen schmeckt. Welcher Schrebergarten hat den längsten Zaun?

4. Der Hase Otto fühlt sich in seinem rechteckigen Gehege mit einer Länge von 2 m und einer Breite von 1 m nicht mehr wohl. Tobi verlängert alle Seiten um 1 m. Um wie viel ändert sich der Umfang? Wenn es dir hilft, fertige zuerst eine Skizze an.

5. Berechne den Umfang und den Flächeninhalt des Quadrates mit der angegebenen Seitenlänge.
   a) 8 cm   b) 12 cm   c) 7 cm   d) 20 cm   e) 15 cm   f) 9 cm   g) 100 cm

6. Ein Rechteck hat 24 cm² Flächeninhalt. Welche Länge und Breite kann das Rechteck haben? Hier gibt es mehrere Möglichkeiten. Zeichne zwei davon. Berechne auch jeweils den Umfang.

7. Frau Kunze hat ihren drei Kindern die abgebildeten Grundstücke geschenkt.
   a) Welches Grundstück ist das größte?
   b) Welches Grundstück hat den kleinsten Umfang?
   c) Welches Grundstück findest du am besten?

7 Flächeninhalt

Flächenmaße dm², cm², mm²

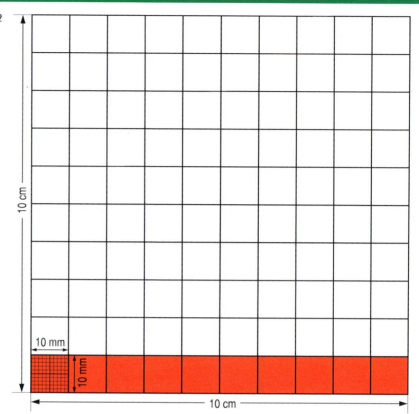

Wie viele Maßquadrate von 1 cm² sind in einem Streifen enthalten?

Wie viele Streifen hat das Quadrat mit der Seitenlänge von 10 cm?

Wie viele Maßquadrate von 1 cm² passen also in dieses Quadrat?

Wie viele kleine Maßquadrate (mm²) passen in das Quadrat mit der Seitenlänge von 1 cm = 10 mm?

Merke:

1 dm² = 100 cm²
(1 Quadratdezimeter)

(Quadratzentimeter)
1 cm² = 100 mm²
(100 Quadratmillimeter)

Vom Größeren zum Kleineren malnehmen. Vom Kleineren zum Größeren teilen.

Beispiele:

(1) Wandle um: 7 dm² in cm²
1 dm² = 100 cm²
7 dm² = 7 · 100 cm² = 700 cm²
7 dm² = 700 cm²

(2) Wandle um: 5 000 mm² in cm²
100 mm² = 1 cm²
Nebenrechnung: 5 000 : 100 = 50
5 000 mm² = 50 cm²

Aufgaben

1. Welche Einheit erscheint dir für die folgenden Flächen am geeignetsten: dm², cm² oder mm²?

2. Wandle in die angegebene Einheit um.

a) 6 dm² = ▭ cm²
   12 dm² = ▭ cm²

b) 5 cm² = ▭ mm²
   82 cm² = ▭ mm²

c) 67 dm² = ▭ cm²
   78 cm² = ▭ mm²

d) 7 cm² = ▭ mm²
   11 dm² = ▭ cm²

e) 200 cm² = ▭ dm²
   7 500 cm² = ▭ dm²

f) 600 mm² = ▭ cm²
   2 800 mm² = ▭ cm²

g) 300 mm² = ▭ cm²
   900 cm² = ▭ dm²

h) 9 800 cm² = ▭ dm²
   6 400 mm² = ▭ cm²

7 Flächeninhalt

Flächenmaß m²

"100 cm lang, 100 cm breit, das sind viele Quadratzentimeter."

"Die Klapptafel ist 1 m lang und 1 m breit, also genau einen Quadratmeter groß."

"Das sind übrigens genau 100 dm²."

Merke: (1 Quadratmeter) 1 m² = 100 dm² = 10 000 cm²

Beispiele:

Umwandeln in die kleinere Einheit: malnehmen.

Wandle um: 15 m² in dm²
1 m² = 100 dm²
15 m² = 15 · 100 dm² = 1500 dm²
15 m² = 1500 dm²

Umwandeln in die größere Einheit: teilen.

2. Wandle um: 700 dm² in m²
100 dm² = 1 m²
Nebenrechnung: 700 : 100 = 7
700 dm² = 7 m²

Aufgaben

1. Welche Fläche ist größer als 1 m²?
a) Garagentor b) Autodach c) Tür d) Schreibtisch e) Computerbildschirm f) Englischbuch g) Zeichenblock

2. Ordne die Flächenmaße zu.

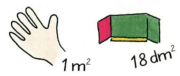   

1 m²   18 dm²   1,5 cm²   25 cm²   0,7 dm²   4 m²

3. Wandle um. Beachte die Einheiten.
a) 7 m² = ▧ dm²   b) 4 dm² = ▧ cm²   c) 500 dm² = ▧ m²   d) 30 000 mm² = ▧ cm²
   15 cm² = ▧ mm²   26 dm² = ▧ cm²   6 000 cm² = ▧ dm²   5 400 dm² = ▧ m²

4. a) 600 mm² = ▧ cm²   b) 41 000 dm² = ▧ m²   c) 81 dm² = ▧ cm²   d) 120 cm² = ▧ mm²
       2 600 cm² = ▧ dm²   7 000 mm² = ▧ cm²   4 m² = ▧ dm²   73 dm² = ▧ cm²

5. Die Klassenlehrerin der 5a stellt den Schülerinnen und Schülern ein Rätsel: „Unser Klassenraum ist 5 Millionen mm² oder 54 Millionen mm² oder 520 000 mm² groß. Welche Zahl stimmt?"

7 Flächeninhalt

Vermischte Aufgaben

1. Wie groß ist der Flächeninhalt ungefähr, der von den Gegenständen überdeckt wird?

2. a) Wie viele Maßquadrate von 1 dm² braucht man um 1 m² auszulegen?
   b) Wie viele Maßquadrate von 1 cm² braucht man um 1 m² auszulegen?
   c) Wie viele Maßquadrate von 1 mm² braucht man um 1 cm² auszulegen?

3. a) 100 Quadratzentimeter sind zu einem Quadrat gelegt. Gib die Seitenlänge an.
   b) 10 000 Quadratmillimeter sind zu einem Quadrat gelegt. Wie lang ist die Seitenlänge dieses Quadrates?

4. Wandle in die angegebene Flächeneinheit um.
   a) 7 cm² = ▨ mm²
   b) 300 dm² = ▨ m²
   c) 12 m² = ▨ dm²
   d) 24 m² = ▨ dm²
   e) 1 600 cm² = ▨ dm²
   f) 9 cm² = ▨ mm²
   g) 380 dm² = ▨ cm²
   h) 9 700 mm² = ▨ cm²
   i) 87 dm² = ▨ cm²

5. a) 23 cm² = ▨ mm²
   b) 3 dm² = ▨ cm²
   c) 43 m² = ▨ dm²
   d) 600 dm² = ▨ m²
   e) 725 cm² = ▨ mm²
   f) 900 mm² = ▨ cm²
   g) 584 m² = ▨ dm²
   h) 7 800 cm² = ▨ dm²
   i) 2 500 dm² = ▨ m²

6. Frau Schmidt möchte den Fußboden ihres 3 m langen und 2 m breiten Badezimmers neu fliesen. Sie kauft quadratische Fliesen ein, jede Fliese ist 1 dm² groß. Wie viele Fliesen braucht Frau Schmidt?

7. Wie viele quadratische Fliesen der Größe 1 dm² werden benötigt, um eine Wandfläche von 4 m Länge und 1,50 m Breite zu überdecken?

8. Bestimme den Flächeninhalt in mm² und in cm².

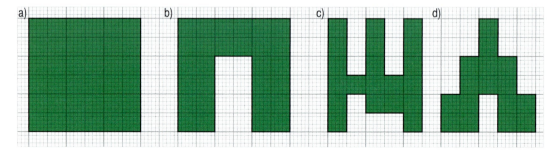

7 Flächeninhalt

Maßquadrat für große Flächen

○ Bildausschnitt
1 m²
(1 Quadratmeter)
Ein Mann ruht sich aus.

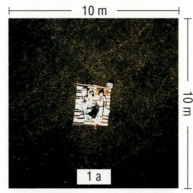

○ Bildausschnitt
1 a
(1 Ar)
1 a = 100 m²

○ Bildausschnitt
1 ha
(1 Hektar)
1 ha = 100 a

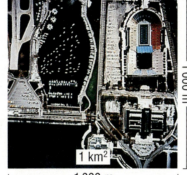

○ Bildausschnitt
1 km²
(1 Quadratkilometer)
1 km² = 100 ha

Aufgaben

1.
a) Wie viel Ar (a) beträgt die Größe des Ackers mit Hafer?
b) Wie groß ist die Gesamtfläche aller abgebildeten Flurstücke? Gib in ha und a an.
c) Wie viel m² ist das Weizenfeld groß?
d) Gib die Gesamtfläche aller Flurstücke in m² an.

Wald 1 ha	Roggen 1 ha	Kartoffeln 1 ha	Weizen 1 ha
Hafer 100 a = 1 ha	Rüben 1 ha	Gerste 1 ha	Brachland 1 ha

⊢ 100 m ⊣ (Höhe 100 m)

2.
a) Rechne in a um: 5 ha, 9 ha, 3 ha, 12 ha, 26 ha, 7 ha, 325 ha, 37 ha, 580 ha, 0,5 ha
b) Rechne in ha um: 300 a, 500 a, 4 000 a, 2 700 a, 800 a, 30 000 a, 300 000 a

3. Übertrage die Tabelle ins Heft und fülle sie aus.

	a)	b)	c)	d)	e)	f)	g)
km²	3 km²		17 km²				
ha		500 ha			2 500 ha		
a				40 000 a		320 000 a	600 000 a

4.
a) 3 a = ▇ m²
b) 7 000 a = ▇ ha
c) 13 km² = ▇ ha
d) 800 a = ▇ ha
e) 20 000 m² = ▇ a
f) 4 300 ha = ▇ km²

5. Schreibe wie im Beispiel.
a) 4 970 m²   851 m²
b) 909 m²   7 143 m²
c) 41 620 m²   5 005 m²
d) 369 m²   4 100 m²

> 4 680 m²
> = 4 600 m² + 80 m²
> = 46 a 80 m²

7 Flächeninhalt

Umwandeln

1. Wandle in Quadratmillimeter um.
   a) 1 cm²
      9 cm²
   b) 12 cm²
      15 cm²
   c) 76 cm²
      69 cm²
   d) $\frac{1}{2}$ cm²
      $2\frac{1}{2}$ cm²
   e) $5\frac{1}{2}$ cm²
      $7\frac{1}{2}$ cm²

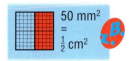

2. Wandle in Quadratzentimeter um.
   a) 100 mm²
      50 mm²
   b) 1 000 mm²
      1 500 mm²
   c) 700 mm²
      3 700 mm²
   d) 150 mm²
      750 mm²

3. a) 4 m² = ■ dm²   b) $25\frac{1}{2}$ m² = ■ dm²   c) 65 000 cm² = ■ dm²   d) 250 mm² = ■ cm²
   e) 7 cm² = ■ mm²   f) $55\frac{1}{2}$ cm² = ■ mm²   g) 58 000 mm² = ■ cm²   h) 2 450 dm² = ■ m²
   i) 3 dm² = ■ cm²   j) $6\frac{1}{2}$ dm² = ■ cm²   k) 4 600 dm² = ■ m²   l) 50 cm² = ■ dm²

4. Wandle in m² um.
   a) 2 a
      7 a
      3 a
   b) 15 a
      26 a
      34 a
   c) 64 a
      97 a
      6 a
   d) 1 a
      $\frac{1}{2}$ a
      $4\frac{1}{2}$ a
   e) $5\frac{1}{2}$ a
      $10\frac{1}{2}$ a
      70 a
   f) $17\frac{1}{2}$ a
      $75\frac{1}{2}$ a
      8 a

5. Wandle in die angegebene Einheit um.
   a) 2 ha = ■ a
      8 km² = ■ ha
   b) $2\frac{1}{2}$ ha = ■ a
      $9\frac{1}{2}$ km² = ■ ha
   c) 6 500 m² = ■ a
      7 800 a = ■ ha
   d) 650 m² = ■ a
      2 850 ha = ■ km²

6.

   a) Der Hof von Bauer Sievers liegt nahe bei seinen Feldern. Das Grundstück, auf dem er sein Haus gebaut hat, ist 190 m lang. Erkläre.
   b) Berechne den Flächeninhalt des Grundstücks mit dem Haus. Gib ihn auch in a an.
   c) Ermittle den gesamten Flächeninhalt der drei Getreideäcker in m² und a. Wie viel ha sind das ungefähr?
   d) Wie groß ist der Flächeninhalt des Kartoffelfeldes? Gib in a und ha an.
   e) Welche Fläche haben die Kühe auf ihrer Weide zur Verfügung? Rechne auch in a und in ha um.
   f) Bestimme die gesamte Nutzfläche in m² und a. Wie viel ha sind das ungefähr?
   g) Wie viel ha von der Gesamtfläche fehlen noch an 1 km²? Gib auch in a an.

7. Ein Quadrat hat einen Flächeninhalt von 49 000 000 mm².
   a) Zeichne dieses Quadrat in dein Heft (1 cm für 1 m in der Wirklichkeit).
   b) Ist dein Klassenraum größer oder kleiner als dieses Quadrat (in Wirklichkeit)?

Vermischte Aufgaben

1. Die Villa Kunterbunt hat sechs verschiedene Fenstertypen. Dies sind die Maße für Länge und Breite:
    80 cm x 90 cm;   80 cm x 190 cm
    160 cm x 90 cm;   40 cm x 100 cm
    100 cm x 150 cm; 120 cm x 130 cm

    a) Berechne die Glasflächen in dm^2 und vergleiche sie hinsichtlich der Größe.

    b) Berechne den Umfang des Holzrahmens in m für jeden Fenstertyp.

2. Nach dem letzten Regen entschließt sich Pippi Langstrumpf das Dach neu decken zu lassen. Wie viel m^2 ist es groß? Ziehe dabei von der gesamten Dachfläche 4 m^2 für die dreieckige Gaube ab.

3. Der Balkon hat eine Fläche von 5 m^2 und eine Breite von 2 m. Passt das Pferd mit einer Länge von 2,20 m unter den Balkon?

4. Gegeben sind Länge (a) und Breite (b) eines Rechtecks. Berechne Umfang und Flächeninhalt.

    a) a = 8 cm, b = 12 cm   b) a = 13 m, b = 5 m   c) a = 9 mm, b = 7 mm   d) a = 34 m, b = 15 m

5.
    a) Ein Rechteck ist 8 cm lang und hat einen Umfang von 26 cm. Wie breit ist es und welchen Flächeninhalt hat es?

    b) Ein Rechteck ist 5 cm breit und hat einen Umfang von 32 cm. Wie lang ist es und welchen Flächeninhalt hat es?

6. Frau Lampe joggt jeden Morgen. Ihre Laufstrecke (rot) beträgt 2 km.

    a) Heute ist sie gerade 400 m gelaufen, da sieht sie einen Hund. Wie weit ist er noch entfernt?

    b) Berechne die Fläche der Tannenschonung, die Frau Lampe jeden Morgen umrundet. Gib die Fläche in a und ha an.

7. Die Länge des Dünndarms im menschlichen Körper beträgt etwa 2 m. Denke dir den Dünndarm zu einem Rechteck ausgelegt. Zeichne zwei verschiedene Möglichkeiten. Dabei ist 1 cm in der Zeichnung 10 cm in der Wirklichkeit. Welche Fläche würde ein rechteckig ausgelegter Dünndarm in beiden Fällen einnehmen? Warum hat der Dünndarm so viele Windungen?

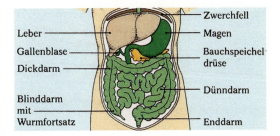

8. Niedersachsen hat eine Gesamtfläche von 47 431 km^2, das Saarland von 2 571 km^2. Wievielmal passt die Fläche des Saarlandes in die von Niedersachsen ungefähr hinein?

9. Die Rasenfläche in Sinas Garten ist 9 m^2 groß. Reichen alle Blätter ihres Mathebuches „Maßstab" aus, um die Rasenfläche damit auszulegen?

Die Klasse 5d gestaltet ihren Klassenraum neu

7 Flächeninhalt

Die Klasse 5d gestaltet ihren Klassenraum neu

Die Schülerinnen und Schüler der Klasse 5d möchten mithilfe ihrer Eltern und ihrer Klassenlehrerin den Klassenraum renovieren.

1. Die Wände sollen neu gestrichen werden. Dazu muss die Gesamtfläche ermittelt werden. Bedenke, dass Türen und Fenster nicht gestrichen werden. Auch die Tafel wird nicht abgebaut. Die Heizkörper sind neu, aber die Wand hinter ihnen wird gestrichen. Übertrage die Tabelle in dein Heft und berechne die einzelnen Flächeninhalte. Überlege dann, welche Flächen addiert und welche subtrahiert werden müssen.

	1. Wand	Tafel	2. Wand	Fenster	3. Wand	Tür	4. Wand
Länge	6 m						
Breite	3 m						
Flächeninhalt							

Weiter geht's! 1. Wandfläche − Tafelfläche + 2. Wandfläche − 4 · ☐ + ☐ − ☐ + ☐ = Gesamtfläche

2. Nun wird ermittelt, wie viel Farbe eingekauft werden muss und wie teuer die Farbe ist.

3. Um dem Klassenraum etwas mehr Farbe zu geben, sollen bunte Leisten an den Deckenkanten angebracht werden. Wie viel m Leisten werden gebraucht?

WANDFARBE 5 l FÜR 30 m²
5 LITER 24,95 DM!

Na? Geschafft? Dann bist du super!

Die Klasse 5d gestaltet ihren Klassenraum neu

7 Flächeninhalt

4. Für die geplante Leseecke, die 3 m x 2 m groß werden soll, wollen Julias Eltern einen Teppichrest zur Verfügung stellen. Zwei Reste stehen zur Auswahl: ein 7 m² großes rechteckiges Stück (eine Seite 3,50 m) und ein 7,5 m² großes rechteckiges Stück (eine Seite 4 m). Welcher Rest wäre geeignet?

5. a) Die Eltern von Tim stiften für eine Pinnwand Korkplatten, 30 cm lang und 25 cm breit. Wie viele Platten brauchen die Schülerinnen und Schüler, um eine 1 m hohe und 1,50 m breite Pinnwand bauen zu können? Zeichne auf. 10 cm in der Wirklichkeit sind 1 cm in der Zeichnung.

   b) Die Pinnwand soll mit Leisten eingefasst werden. Wie viel m Leisten werden benötigt?

6. Nach beendeter Renovierungsaktion muss noch der Fußboden kräftig geschrubbt werden, denn das Streichen hat Spuren hinterlassen. An dieser Wasserschlacht möchte natürlich jedes Kind teilnehmen. Doch bevor es zum Streit kommt, sagt die Klassenlehrerin zu ihren 27 Schülerinnen und Schülern: „Jeder darf eine gleich große Fläche schrubben."

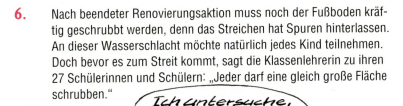

7 Flächeninhalt

Testen, Üben, Vergleichen

1. Nenne Gegenstände, die ungefähr 1 m² groß sind (z. B. Schreibtischplatte).

2. Gib den Inhalt der Fläche in cm² an.

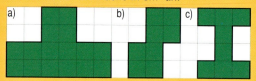

Merke:

Ein Quadrat mit einer Seitenlänge von 1 m hat den Flächeninhalt 1 m² (1 Quadratmeter).

3. Gib die Flächeninhalte in cm² an.

   a) 1 dm²   b) 300 mm²   c) 56 dm²
      21 dm²   2 500 mm²   200 mm²
      $7\frac{1}{2}$ dm²   50 mm² $25\frac{1}{2}$ dm²

Flächeneinheiten für kleine Flächen

1 m² = 100 dm²
   1 dm² = 100 cm²
      1 cm² = 100 mm²
         1 mm²

4. a) Ein Quadrat hat eine Seitenlänge von 1 cm. Wie viele mm² passen dort hinein?
   b) Welche Seitenlänge hat ein Quadrat, das mit 100 dm² ausgelegt ist?

5. a) 9 ha = ▢ a   b) 450 km² = ▢ ha
       37 m² = ▢ dm²   625 a = ▢ m²
   c) 2 900 a = ▢ ha   d) 56 700 m² = ▢ a
      800 ha = ▢ km²   350 dm² = ▢ m²

Flächeneinheiten für große Flächen

1 km² = 100 ha (Hektar)
   1 ha = 100 a (Ar)
      1 a = 100 m²

etwa 1 ha   etwa 1 a

6. Berechne den Flächeninhalt des Rechtecks.
   a) Länge 15 cm   b) Länge 28 cm
      Breite 12 cm   Breite 56 cm

7. Berechne die fehlende Seitenlänge des Rechtecks.
   a) A = 36 cm²   b) A = 135 cm²
      Länge 6 cm   Breite 5 cm

Flächeninhalt A eines Rechtecks:
A = Flächeninhalt eines Streifens · Anzahl der Streifen

A = 7 cm² · 3   A = 21 cm²

8. Ein rechteckiger Handspiegel hat die Maße 12 cm und 9 cm. Wie groß ist die Fläche?

9. Ein Grundstück ist 30 m lang und 20 m breit. Gib den Flächeninhalt auch in a an.

10. Berechne den Umfang der beiden Rechtecke.

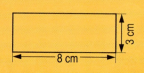

Umfang u eines Rechtecks:
u = Summe aller Seitenlängen

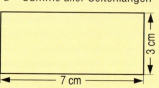

u = 7 cm + 3 cm + 7 cm + 3 cm
u = 20 cm

11. Wie groß ist die fehlende Seitenlänge des Rechtecks mit den folgenden Maßen:
    a) u = 38 cm   b) u = 95 cm
       Länge 12 cm   Breite 13 cm

Testen, Üben, Vergleichen
7 Flächeninhalt

1. Familie Werner möchte den Fußboden im Flur fliesen lassen.
   a) Wie groß ist der Flächeninhalt des Fußbodens? Gib ihn auch in dm² an.
   b) Die ausgesuchten Fliesen haben eine Größe von 30 cm x 30 cm. Zeichne die Fußbodenfläche in dein Heft. (1 cm in deinem Heft für 10 cm in der Wirklichkeit) Wie viele Fliesen müssen eingekauft werden?

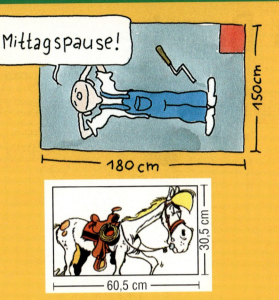

2. Nadine möchte ihr Lieblingsbild einrahmen und mit einer Glasscheibe versehen.
   a) Wie groß muss die Glasfläche sein? Gib die Fläche auch in dm² an.
   b) Wie viel m Rahmen benötigt Nadine? Rechne für die Ecken 10 cm mehr.

3. Bestimme die fehlende Größe des Rechtecks.

	a)	b)	c)	d)	e)	f)
Länge	10 m	11 cm	5 dm	18 m	5 cm	
Breite	9 m	7 cm	5 dm	4 m		6 cm
Umfang u						32 cm
Inhalt A					10 cm²	

4. Landwirt Sievers will für seine Schafe eine Wiese einzäunen. Er muss auch um den Baum einen Zaun setzen, damit die Schafe das Laub nicht fressen.
   a) Reichen 150 m Zaun? Begründe.
   b) Wie viel a ist die Wiese insgesamt groß?
   c) Wie viel m² Wiese bleiben den Schafen zum Abgrasen?

5. Die Klassenräume einer 1983 gebauten Schule sind 9 m lang und 8 m breit. 1984 betrug die durchschnittliche Schülerzahl 24 Kinder pro Klasse. Im Jahr 1993 lag sie bei nur 18 Kindern.
   a) Wie viel Platz stand jeder Schülerin und jedem Schüler 1984, wie viel 1993 im eigenen Klassenraum zur Verfügung?
   b) Ab 1998 müssen jeweils 3 Kinder mit 8 m² auskommen. Wie viele Kinder passen 1998 in den Raum?

6. Ein Fußballfeld ist 90 m lang und 60 m breit.
   a) Wie viel a beträgt die Fläche des Feldes?
   b) Ein großes Weizenfeld hat die Fläche von 54 ha. Wie oft passt das Fußballfeld in das Weizenfeld?

7. Bauer Lütje verkauft 2 ha Bauland. Der Käufer teilt es in Grundstücke von je 500 m² Größe. Wie viele Baugrundstücke entstehen?

8. In einem Vorort von Berlin entsteht auf einer Fläche von 85 ha eine Gartenstadt mit Wohnhäusern und Einfamilienhäusern. Wie viele Tennisplätze mit einer Größe von je 4 a sind zusammen genauso groß?

8 Brüche

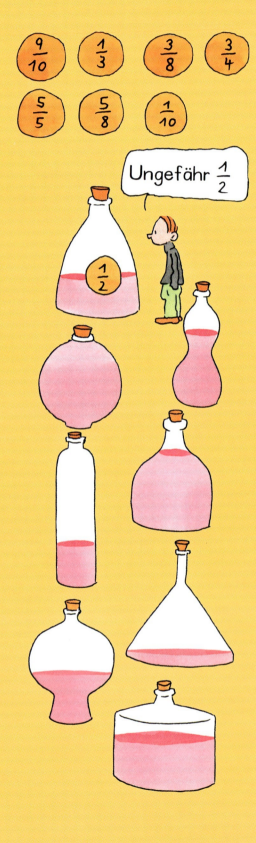

8 Brüche

Eine Unterrichtsstunde dauert nur eine Dreiviertelstunde. Wie viele Minuten sind das?

Tja...

Das Eintracht-Stadion hat 48 000 Zuschauerplätze. Davon sind für die nächste Saison bereits $\frac{3}{4}$ durch Dauerkarten fest vergeben. Auch Werder und Borussia haben viele Dauerkarten ver

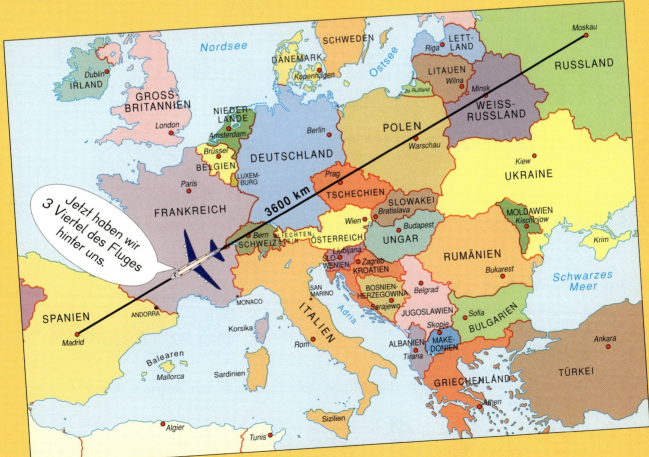

Jetzt haben wir 3 Viertel des Fluges hinter uns.

3600 km

Stammbrüche

Merke:

$\frac{1}{2}$ (ein halb), $\frac{1}{3}$ (ein Drittel), $\frac{1}{4}$ (ein Viertel) usw. heißen **Stammbrüche**.
$\frac{1}{2}$ von einem Ganzen ist die Hälfte, $\frac{1}{3}$ von einem Ganzen ist der dritte Teil usw.

Beispiel:

Zerlegung in **Halbe**   Zerlegung in **Drittel**   Zerlegung in **Fünftel**

$\frac{1}{2}$ (ein halb); z. B. $\frac{1}{3}$ (ein Drittel); z. B. $\frac{1}{5}$ (ein Fünftel); z. B.

Aufgaben

1. Schreibe im Heft auf, welcher Bruchteil jeweils gefärbt ist.

   a)   b)   c)   d)

   e)    f)   g)   h)

2. Falte ein rechteckiges Blatt Papier in 3 gleiche Teile.

3. Falte ebenso.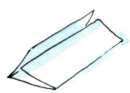

   a) $\frac{1}{2}$ b) $\frac{1}{4}$ c) $\frac{1}{8}$ d) $\frac{1}{6}$ e) $\frac{1}{12}$ f) $\frac{1}{10}$

4. Zeichne jeweils einen 12 cm langen und 1 cm breiten Streifen und färbe den angegebenen Bruchteil.

   a) $\frac{1}{2}$ b) $\frac{1}{3}$ c) $\frac{1}{6}$ d) $\frac{1}{12}$ e) $\frac{1}{4}$

5. Zeichne und färbe wie im Beispiel.

   a) $\frac{1}{2}$ von 8 cm   b) $\frac{1}{3}$ von 3 cm   c) $\frac{1}{5}$ von 10 cm

   d) $\frac{1}{4}$ von 8 cm   e) $\frac{1}{2}$ von 5 cm   f) $\frac{1}{6}$ von 6 cm

   g) $\frac{1}{4}$ von 10 cm   h) $\frac{1}{3}$ von 9 cm   i) $\frac{1}{10}$ von 5 cm

   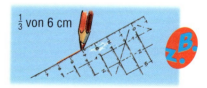

6. Notiere im Heft, welche Stammbrüche dargestellt sind. Ordne sie der Größe nach, beginne mit dem kleinsten Stammbruch.

Mit Stammbrüchen rechneten schon vor fast 4000 Jahren die Ägypter. Für $\frac{1}{3}$ schrieben sie z. B. $\overset{\frown}{III}$

8 Brüche

Berechnungen mit Stammbrüchen

Beispiel:

(1) $\frac{1}{3}$ von 60 Kindern
= 60 Kinder : 3
= 20 Kinder

(2) $\frac{1}{5}$ von 800 DM
= 800 DM : 5
= 160 DM

(3) $\frac{1}{4}$ von einer Stunde
= $\frac{1}{4}$ von 60 Minuten
= 60 Minuten : 4
= 15 Minuten

Aufgaben

1. a) $\frac{1}{4}$ von 20 Kindern   b) $\frac{1}{3}$ von 36 DM   c) $\frac{1}{5}$ von 100 DM   d) $\frac{1}{2}$ von 18 Büchern
   e) $\frac{1}{6}$ von 24 Tassen   f) $\frac{1}{8}$ von 40 km   g) $\frac{1}{3}$ von 90 m   h) $\frac{1}{7}$ von 14 kg
   i) $\frac{1}{4}$ von 120 l   j) $\frac{1}{10}$ von 130 g   k) $\frac{1}{3}$ von 270 DM   l) $\frac{1}{5}$ von 250 Tagen

2. Die Klasse 5a hat 30 Schülerinnen und Schüler.
   a) Die Kinder sind je zur Hälfte ($\frac{1}{2}$) Mädchen bzw. Jungen. Es fehlt $\frac{1}{10}$ der Kinder wegen Grippe.
   b) $\frac{1}{5}$ der Kinder kommt mit einem Bus zur Schule. $\frac{1}{3}$ der Kinder läuft.

3. Wie viel Minuten sind es? Denke daran: Eine Stunde dauert 60 Minuten.
   a) $\frac{1}{4}$ von einer Stunde   b) $\frac{1}{5}$ von einer Stunde   c) $\frac{1}{12}$ von einer Stunde   d) $\frac{1}{6}$ von einer Stunde
   e) $\frac{1}{10}$ von einer Stunde   f) $\frac{1}{2}$ von einer Stunde   g) $\frac{1}{20}$ von einer Stunde   h) $\frac{1}{15}$ von einer Stunde

4. In Andreas Klasse sind 24 Kinder.
   a) $\frac{1}{3}$ der Kinder sind Jungen.
   b) Ein Sechstel kommt mit dem Bus zur Schule.
   c) Jedes vierte Kind kann schwimmen.
   d) Von jeweils 5 Kindern ist eines ausländisch.

5. Die Kosten für das Wellenbad der Stadt sind gestiegen. Im Stadtrat wird eine Erhöhung des Eintrittsgeldes beschlossen.
   a) Wie teuer ist der Eintritt bei einer Erhöhung um ein Drittel?
   b) Wie teuer ist der Eintritt bei einer Erhöhung um ein Viertel?
   c) Was ist mehr: $\frac{1}{4}$ oder $\frac{1}{3}$ von 6 DM?

6. a) Was ist mehr: $\frac{1}{5}$ von 100 DM oder $\frac{1}{10}$ von 100 DM?
   b) Was ist mehr: $\frac{1}{5}$ von 100 DM oder $\frac{1}{10}$ von 1 000 DM?

7. Katrin möchte das Computerspiel kaufen. Es kostet 120 DM.
   – Sie selbst hat $\frac{1}{10}$ des Betrages.
   – Ihre Eltern geben $\frac{1}{3}$ des Betrages dazu.
   – Die Großeltern spendieren $\frac{1}{4}$ des Betrages.
   – Tante Edelgard schenkt Katrin $\frac{1}{6}$ des Betrages.
   a) Wie viel Geld bekommt Katrin jeweils?
   b) Reicht das Geld aus, um das Spiel zu kaufen?

8 Brüche

Erkennen und Herstellen von Bruchteilen

Einheit	1	1	1	1	1	1
Zerlegung						
Teile der Einheit						
Bruchteil	$\frac{4}{6}$					

Wie heißen diese Bruchteile? Schreibe sie im Heft auf. Du brauchst dazu die Zahlen 2, 3, 3, 3, 4, 5, 5, 5, 6, 8.

Merke:

Das Ganze wird in so viele Teile zerlegt, wie der *Nenner* angibt. Dann nimmt man so viele Teile, wie der *Zähler* angibt.

$\frac{2}{3}$ — Zähler / Bruchstrich / Nenner

Aufgaben

Zähler zählt die Teile.
Nenner benennt die Teilstücke.

1. Welcher Bruchteil der Torte ist gegessen, welcher ist noch übrig?

a)   b)   c)   d)

2. Welcher Bruchteil des Lutschers („Lollies") ist orange, welcher Teil ist weiß?

a) b) c) d) e) f)

3. Welcher Bruchteil des großen Rechtecks ist es?
a) weiße Fläche ☐   b) schwarze Fläche ■
c) schraffierte Fläche   d) punktierte Fläche

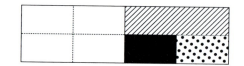

4. Zwei Väter und zwei Söhne teilen sich einen Liter Orangensaft. Jeder bekommt ein Glas, das mit $\frac{1}{3}$ l gefüllt ist. Wie ist das möglich?

5.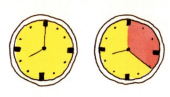

Welcher Bruchteil einer Stunde ist vergangen?

Wie viel Liter Wasser befinden sich in dem Messbecher?

Wie viel Kilogramm Gehacktes wurde abgewogen?

6. Gib den Anteil als Bruch an.

	a)	b)	c)	d)
Einheit				
Bruchteil				

7. Großes Käferrennen!
Um 8 Uhr ist jeder Käfer am Fuß seiner Messlatte gestartet. Hier ist der Stand um 8.10 Uhr.

a) Welchen Bruchteil der Latte haben die Käfer jeweils geschafft?

b) Wie liegen sie im Rennen? Stelle eine Rangliste für die fünf Käfer auf.

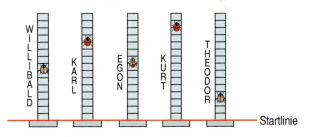

8. Übertrage das Rechteck auf Karopapier und färbe den Bruchteil.

a) $\frac{3}{10}$ 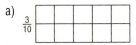   b) $\frac{1}{2}$ 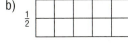   c) $\frac{2}{5}$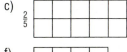

d) $\frac{7}{12}$    e) $\frac{2}{3}$ 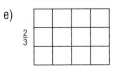   f) $\frac{3}{4}$

9. Zeichne jeweils einen Streifen von 60 mm Länge und färbe den Bruchteil.

a) $\frac{1}{2}$ b) $\frac{5}{6}$ c) $\frac{2}{3}$ d) $\frac{1}{4}$ e) $\frac{3}{10}$ f) $\frac{4}{5}$

10. Fußballfeld: Die äußeren weißen Linien um ein Tor schließen den Strafraum ein. Wird hier ein Stürmer gefoult, gibt es einen Elfmeter.

a) Welchen Bruchteil vom ganzen Spielfeld nimmt ein Strafraum ein?

b) Welcher Bruchteil des Spielfeldes liegt außerhalb beider Strafräume?

Hinweis: Die Punktlinien helfen dir.

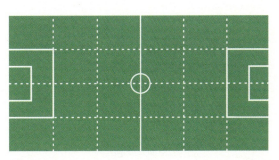

8 Brüche

Berechnen von Bruchteilen

Merke:

Man berechnet **Bruchteile** von einer **Größe** so:
(1) Man **dividiert** die Größe **durch** den **Nenner**.
(2) Man **multipliziert** das Ergebnis **mit** dem **Zähler**.

Beispiel:

Berechne $\frac{5}{6}$ von 42 kg.

Schreibweise mit **Pfeilen (Operatoren)**:   oder   Schreibweise mit **Gleichheitszeichen**:

$42 \text{ kg} \xrightarrow{:6} 7 \text{ kg} \xrightarrow{\cdot 5} 35 \text{ kg}$

42 kg : 6 = 7 kg
7 kg · 5 = 35 kg

$\frac{5}{6}$ von 42 kg sind 35 kg

$\frac{5}{6}$ von 42 kg = 35 kg

Aufgaben

1.
   a) $\frac{3}{4}$ von 20 DM
   b) $\frac{1}{3}$ von 12 h
   c) $\frac{4}{7}$ von 14 m
   d) $\frac{5}{6}$ von 24 Schülern
   e) $\frac{3}{5}$ von 40 kg
   f) $\frac{5}{8}$ von 24 DM
   g) $\frac{3}{10}$ von 80 h
   h) $\frac{7}{9}$ von 27 Flaschen

2.
   a) $28 \text{ kg} \xrightarrow{\cdot \frac{3}{4}} \blacksquare$
   b) $24 \text{ cm} \xrightarrow{\cdot \frac{5}{6}} \blacksquare$
   c) $70 \text{ kg} \xrightarrow{\cdot \frac{7}{10}} \blacksquare$
   d) $45 \text{ DM} \xrightarrow{\cdot \frac{5}{9}} \blacksquare$
   e) $30 \text{ t} \xrightarrow{\cdot \frac{2}{3}} \blacksquare$
   f) $64 \text{ m} \xrightarrow{\cdot \frac{5}{8}} \blacksquare$

3.
   a) $40 \text{ kg} \xrightarrow{\cdot \frac{2}{5}} \blacksquare$
   b) $28 \text{ m} \xrightarrow{\cdot \frac{4}{7}} \blacksquare$
   c) $24 \text{ DM} \xrightarrow{\cdot \frac{3}{8}} \blacksquare$
   d) $36 \text{ g} \xrightarrow{\cdot \frac{5}{12}} \blacksquare$
   e) $32 \text{ DM} \xrightarrow{\cdot \frac{7}{8}} \blacksquare$
   f) $35 \text{ cm} \xrightarrow{\cdot \frac{4}{5}} \blacksquare$
   g) $48 \text{ kg} \xrightarrow{\cdot \frac{7}{12}} \blacksquare$
   h) $32 \text{ m} \xrightarrow{\cdot \frac{1}{4}} \blacksquare$

4.
   a) $\frac{2}{3}$ von 60 h
   b) $\frac{3}{5}$ von 15 kg
   c) $30 \text{ DM} \xrightarrow{\cdot \frac{2}{5}} \blacksquare$
   d) $12 \text{ m} \xrightarrow{\cdot \frac{7}{12}} \blacksquare$
   e) $\frac{5}{7}$ von 21 m
   f) $\frac{5}{6}$ von 18 cm
   g) $50 \text{ g} \xrightarrow{\cdot \frac{6}{25}} \blacksquare$
   h) $80 \text{ cm} \xrightarrow{\cdot \frac{3}{8}} \blacksquare$

5. Sabine ist Auszubildende im dritten Lehrjahr. Abgebildet siehst du ihr monatliches Gehalt.
   a) $\frac{2}{10}$ gibt sie ihrer Mutter für Wohnen und Essen.
   b) $\frac{3}{8}$ gibt sie für Garderobe aus.
   c) $\frac{1}{4}$ spart sie.
   Wie viel DM Taschengeld bleiben ihr?

6. Die 20-Uhr-Vorstellung am Sonnabend ist leider ausverkauft. Bei den vorangegangenen Vorstellungen hätte man noch Karten bekommen können.

a) Bei der 18-Uhr-Vorstellung waren $\frac{5}{6}$ der Karten verkauft.

b) Bei der 16-Uhr-Vorstellung blieben $\frac{5}{12}$ der Karten übrig.

c) Die 14-Uhr-Vorstellung war nur zu $\frac{3}{8}$ besucht.

d) Bei der ersten Vorstellung des Tages blieben $\frac{7}{8}$ der Plätze frei.

7. a) $\frac{2}{7}$ von 154 b) $\frac{3}{8}$ von 104 c) $\frac{5}{6}$ von 126 d) $\frac{3}{11}$ von 187 e) $\frac{4}{5}$ von 300
f) $\frac{3}{4}$ von 292 g) $\frac{5}{7}$ von 182 h) $\frac{5}{8}$ von 456 i) $\frac{5}{12}$ von 372 j) $\frac{1}{6}$ von 282

8. a) $78 \xrightarrow{\cdot \frac{2}{3}} \blacksquare$ b) $136 \xrightarrow{\cdot \frac{7}{8}} \blacksquare$ c) $385 \xrightarrow{\cdot \frac{4}{11}} \blacksquare$ d) $252 \xrightarrow{\cdot \frac{7}{9}} \blacksquare$
e) $192 \xrightarrow{\cdot \frac{2}{6}} \blacksquare$ f) $372 \xrightarrow{\cdot \frac{5}{12}} \blacksquare$ g) $143 \xrightarrow{\cdot \frac{6}{13}} \blacksquare$ h) $216 \xrightarrow{\cdot \frac{3}{4}} \blacksquare$

9. Eine Minute hat 60 Sekunden. Wie viel Sekunden sind es?
a) $\frac{1}{2}$ Minute b) $\frac{1}{4}$ Minute c) $\frac{2}{3}$ Minute d) $\frac{3}{4}$ Minute e) $\frac{3}{10}$ Minute f) $\frac{7}{10}$ Minute

10. Eine Stunde hat 60 Minuten. Welcher Bruchteil einer Stunde ist es?
a) 15 Minuten b) 30 Minuten c) 10 Minuten d) 20 Minuten e) 6 Minuten f) 24 Minuten

11. 400 Familien wurden zu den Urlaubsplänen für die kommenden Ferien befragt.
a) $\frac{3}{10}$ verreisen nicht.   b) $\frac{3}{8}$ machen Ferien im Ausland.   c) $\frac{1}{5}$ sind noch unentschlossen.

12. Sabine verdient als Auszubildende 720 DM. $\frac{1}{5}$ davon gibt sie ihrer Mutter für Wohnen und Essen ab.

13. Das Ehepaar Yildirim hat einen Obst- und Gemüsestand direkt am Bahnhof. Am vergangenen Sonnabend gab es folgendes Verkaufsergebnis:

a) $\frac{4}{5}$ der 200 kg Bohnen konnten verkauft werden.

b) Die Äpfel verkauften sich noch besser: $\frac{7}{8}$ von 32 kg wurden verkauft.

c) Von 180 Pampelmusen blieben $\frac{2}{9}$ übrig.

d) Von 48 kg Tomaten blieben $\frac{3}{8}$ übrig.

14. Das Handball-Spiel der Frauen-Bundesliga sahen 2 800 Zuschauer.

a) $\frac{4}{7}$ der Zuschauer waren weiblich.

b) $\frac{3}{4}$ aller Zuschauer waren jünger als 30 Jahre.

c) $\frac{1}{10}$ der Zuschauer waren mit der Gastmannschaft angereist.

d) Vor dem Spiel tippten $\frac{7}{10}$ der Zuschauer auf einen Sieg der Heimmannschaft.

e) $\frac{3}{100}$ der Zuschauer spielen selbst Handball.

8 Brüche

Umwandeln in kleinere Maßeinheiten

Merke:

Bruchteile von Größen kann man oft erst berechnen, wenn man die Größen in kleinere Einheiten umwandelt.

$$\frac{2}{5} m^2 = \frac{2}{5} \text{ von } 100 \text{ dm}^2$$

Aufgaben

1. Gib in Gramm (g) an.
   a) $\frac{2}{5}$ kg   b) $\frac{3}{10}$ kg   c) $\frac{8}{10}$ kg   d) $\frac{11}{20}$ kg   e) $\frac{19}{100}$ kg   f) $\frac{7}{50}$ kg

   $\frac{3}{5}$ kg = $\frac{3}{5}$ von 1 000 g = 600 g

2. Gib in Liter (l) an.
   a) $\frac{3}{4}$ hl   b) $\frac{4}{5}$ hl   c) $\frac{9}{10}$ hl   d) $\frac{3}{25}$ hl   e) $\frac{11}{25}$ hl   f) $\frac{19}{50}$ hl

   $\frac{1}{4}$ hl = $\frac{1}{4}$ von 100 l = 25 l

3. Gib in der nächst kleineren Längen- oder Flächeneinheit an.
   a) $\frac{1}{2}$ m   b) $\frac{4}{5}$ m   c) $\frac{7}{10}$ m   d) $\frac{9}{20}$ m
   e) $\frac{3}{100}$ km   f) $\frac{7}{50}$ km   g) $\frac{13}{25}$ km   h) $\frac{29}{500}$ km
   i) $\frac{1}{4}$ m²   j) $\frac{4}{5}$ m²   k) $\frac{9}{10}$ m²   l) $\frac{17}{20}$ m²
   m) $\frac{1}{5}$ m²   n) $\frac{7}{50}$ m²   o) $\frac{9}{1000}$ m²   p) $\frac{31}{500}$ m²

4. Gib in Minuten (min) an.
   a) $\frac{1}{2}$ h   b) $\frac{1}{3}$ h   c) $\frac{1}{4}$ h   d) $\frac{1}{5}$ h   e) $\frac{1}{6}$ h   f) $\frac{1}{10}$ h
   $\frac{2}{2}$ h $\frac{2}{3}$ h $\frac{3}{4}$ h $\frac{4}{5}$ h $\frac{5}{6}$ h $\frac{7}{10}$ h

5. Gib in Sekunden (s) an.
   a) $\frac{2}{3}$ min   b) $\frac{2}{5}$ min   c) $\frac{1}{6}$ min   d) $\frac{2}{5}$ min   e) $\frac{9}{10}$ min   f) $\frac{4}{15}$ min
   $\frac{1}{4}$ min $\frac{3}{5}$ min $\frac{3}{10}$ min $\frac{3}{4}$ min $\frac{5}{12}$ min $\frac{7}{20}$ min

6. Schreibe als Bruch mit der Maßeinheit Meter (m).
   a) 50 cm   b) 10 cm   c) 25 cm   d) 75 cm   e) 90 cm   f) 1 cm

7. Schreibe als Bruchteil einer Stunde (h).
   a) 30 min   b) 20 min   c) 10 min   d) 5 min   e) 2 min   f) 7 min

8 Brüche

Vom Bruchteil zum Ganzen

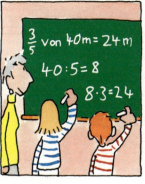

Beispiel:

Drei Fünftel einer Fläche sind 24 m². Wie groß ist die gesamte Fläche?

$\frac{3}{5}$ von ■ = 24 m²

mit Operatoren:

■ $\xrightarrow{:5}$ ● $\xrightarrow{\cdot 3}$ 24 m²

40 m² $\xleftarrow{\cdot 5}$ 8 m² $\xleftarrow{:3}$ 24 m²

Antwort: $\frac{3}{5}$ von 40 m² sind 24 m²   oder

mit Gleichheitszeichen:

24 m² : 3 = 8 m²

8 m² · 5 = 40 m²

$\frac{3}{5}$ von 40 m² = 24 m²

Aufgaben

1. a) $\frac{2}{3}$ von ■ = 16 DM   b) $\frac{4}{5}$ von ■ = 32 m   c) $\frac{2}{9}$ von ■ = 40 Personen   d) $\frac{3}{4}$ von ■ = 30 DM

   $\frac{3}{5}$ von ■ = 60 kg $\frac{5}{6}$ von ■ = 35 t $\frac{3}{8}$ von ■ = 27 Autos $\frac{5}{7}$ von ■ = 25 m

2. a) ■ $\xrightarrow{\cdot\frac{2}{3}}$ 12 DM   b) ■ $\xrightarrow{\cdot\frac{4}{7}}$ 16 kg   c) ■ $\xrightarrow{\cdot\frac{7}{10}}$ 42 cm   d) ■ $\xrightarrow{\cdot\frac{3}{7}}$ 12 kg

   ■ $\xrightarrow{\cdot\frac{5}{8}}$ 45 g   ■ $\xrightarrow{\cdot\frac{5}{9}}$ 20 cm   ■ $\xrightarrow{\cdot\frac{5}{11}}$ 55 h   ■ $\xrightarrow{\cdot\frac{7}{8}}$ 35 l

3. Von einer im Bau befindlichen Autostraße sind schon 27 km fertiggestellt. Das sind $\frac{3}{5}$ der Autostraße. Welche Länge hat die neue Straße?

4. Eine Kerze ist auf $\frac{2}{7}$ ihrer ursprünglichen Größe niedergebrannt. Sie ist jetzt noch 8 cm hoch. Wie groß war sie ursprünglich?

5. 6 Schüler der Klasse 6a waren in den vergangenen Sommerferien nicht verreist. Das sind $\frac{2}{9}$ aller Schüler. Wie viele Schüler hat die Klasse 6a insgesamt?

6. Verkehrskontrolle: $\frac{2}{15}$ der überprüften Fahrzeuge wiesen Mängel auf. Das waren 120 Fahrzeuge. Wie viele Fahrzeuge wurden insgesamt überprüft?

7. Manuelas Eltern zahlen monatlich 1 230 DM Miete. Das sind $\frac{3}{10}$ des Monatsverdienstes. Wie hoch ist der Monatsverdienst?

8. Patrick hat beim Ballwerfen mit 36 m nur $\frac{4}{5}$ der Weite von Beate geschafft. Wie weit hat Beate geworfen?

Brüche größer als 1

Merke:

Brüche größer als 1 kann man als Bruch oder als gemischte Zahl schreiben.

$$\frac{9}{4} = 2\frac{1}{4}$$
Bruch gemischte Zahl

Beispiel:

Einheit	Teile der Einheit		Bruch	gemischte Zahl
○	Viertel		$\frac{7}{4}$ =	$1\frac{3}{4}$
1	7 Viertel	$1 = \frac{4}{4}$ $\frac{3}{4}$		

Aufgaben

1. a) $1 = \frac{\square}{7}$ b) $1 = \frac{\square}{4}$ c) $1 = \frac{\square}{9}$ d) $1 = \frac{\square}{3}$

2. a) $2 = \frac{\square}{3}$ b) $2 = \frac{\square}{2}$ c) $2 = \frac{\square}{8}$ d) $2 = \frac{\square}{5}$

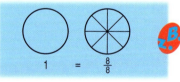

$1 = \frac{8}{8}$

3. Notiere als gemischte Zahl.

   a) $\frac{7}{4}$ b) $\frac{9}{4}$ c) $\frac{15}{6}$ d) $\frac{10}{7}$ e) $\frac{19}{15}$ f) $\frac{17}{10}$ g) $\frac{23}{8}$ h) $\frac{19}{14}$ i) $\frac{17}{12}$

4. Notiere als Bruch.

   a) $1\frac{1}{5}$ b) $2\frac{3}{4}$ c) $2\frac{1}{3}$ d) $1\frac{2}{7}$ e) $2\frac{4}{5}$ f) $1\frac{1}{2}$ g) $1\frac{5}{8}$ h) $2\frac{5}{6}$ i) $2\frac{7}{10}$

5. a) Welche Brüche sind größer als 1?
   b) Welche Brüche sind größer als 2? Nenne sie und gib an, um welchen Bruchteil sie größer als 2 sind.
   c) Zwei Brüche sind so groß wie 1, ein Bruch ist so groß wie 2. Schreibe diese drei Brüche auf.

Addition und Subtraktion von Brüchen mit gleichem Nenner

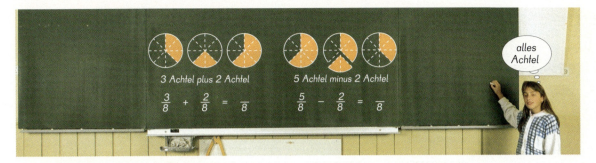

Merke: Man addiert zwei Brüche mit gleichem Nenner, indem man die beiden Zähler addiert. Man subtrahiert zwei Brüche mit gleichem Nenner, indem man die Zähler subtrahiert.

Beispiele:

$\frac{1}{4} + \frac{2}{4} = \frac{1+2}{4} = \frac{3}{4}$ $\qquad$ $\frac{3}{5} + \frac{4}{5} = \frac{7}{5} = 1\frac{2}{5}$ $\qquad$ $\frac{6}{7} - \frac{2}{7} = \frac{6-2}{7} = \frac{4}{7}$

Aufgaben

1. Notiere Aufgabe und Ergebnis im Heft (2 „Plus"-Aufgaben, 2 „Minus"-Aufgaben).

   a) $\qquad$ b) $\qquad$ c) $\qquad$ d)

2. a) $\frac{2}{9} + \frac{5}{9}$ $\quad$ b) $\frac{2}{7} + \frac{3}{7}$ $\quad$ c) $\frac{1}{6} + \frac{3}{6}$ $\quad$ d) $\frac{7}{12} + \frac{3}{12}$ $\quad$ e) $\frac{2}{5} + \frac{3}{5}$ $\quad$ f) $\frac{3}{8} + \frac{1}{8}$
   g) $\frac{4}{11} + \frac{6}{11}$ $\quad$ h) $\frac{4}{10} + \frac{5}{10}$ $\quad$ i) $\frac{2}{8} + \frac{3}{8}$ $\quad$ j) $\frac{7}{20} + \frac{11}{20}$ $\quad$ k) $\frac{1}{5} + \frac{3}{5}$ $\quad$ l) $\frac{5}{8} + \frac{3}{8}$

3. a) $\frac{11}{12} - \frac{7}{12}$ $\quad$ b) $\frac{5}{8} - \frac{2}{8}$ $\quad$ c) $\frac{5}{5} - \frac{1}{5}$ $\quad$ d) $\frac{8}{9} - \frac{3}{9}$ $\quad$ e) $\frac{17}{20} - \frac{6}{20}$ $\quad$ f) $\frac{5}{6} - \frac{4}{6}$
   g) $\frac{6}{10} - \frac{3}{10}$ $\quad$ h) $\frac{6}{11} - \frac{4}{11}$ $\quad$ i) $\frac{11}{15} - \frac{7}{15}$ $\quad$ j) $\frac{3}{4} - \frac{1}{4}$ $\quad$ k) $\frac{4}{5} - \frac{2}{5}$ $\quad$ l) $\frac{7}{8} - \frac{3}{8}$

4. René wollte seiner Schwester Claudia eine Freude machen und kaufte beim Pizzabäcker drei Viertelpizzas. Claudia hatte 5 Minuten vorher denselben Gedanken und kaufte zwei Viertelpizzas. Wie viel Pizza haben sie jetzt zusammen?

5. Die Literflasche ist mit Apfelsaft gefüllt. Der Apfelsaft wird in die $\frac{7}{10}$ l-Flasche umgegossen, bis diese voll ist.
   Wie viel Apfelsaft bleibt in der Flasche?

6. a) $1 - \frac{4}{5}$ $\quad$ b) $1 - \frac{1}{3}$ $\quad$ c) $1 - \frac{3}{8}$ $\quad$ d) $1 - \frac{7}{10}$ $\quad$ e) $1 - \frac{1}{6}$
   f) $1 - \frac{4}{9}$ $\quad$ g) $1 - \frac{1}{2}$ $\quad$ h) $1 - \frac{3}{4}$ $\quad$ i) $1 - \frac{6}{7}$ $\quad$ j) $1 - \frac{2}{7}$

8 Brüche

Brüche mit dem Nenner 10, 100 oder 1000

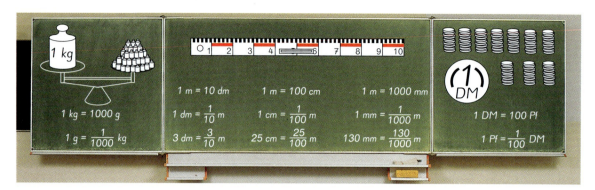

Aufgaben

1. a) 7 dm = ■ m   b) 15 cm = ■ m   c) 9 mm = ■ m   d) 5 Pf = ■ DM   e) 3 g = ■ kg
   8 dm = ■ m   70 cm = ■ m   250 mm = ■ m   70 Pf = ■ DM   500 g = ■ kg

2. a) $\frac{3}{10}$ m = ■ dm   b) $\frac{7}{100}$ m = ■ cm   c) $\frac{10}{1000}$ m = ■ mm   d) $\frac{8}{100}$ DM = ■ Pf   e) $\frac{50}{1000}$ kg = ■ g
   $\frac{9}{10}$ m = ■ dm $\frac{86}{100}$ m = ■ cm $\frac{360}{1000}$ m = ■ mm $\frac{99}{100}$ DM = ■ Pf $\frac{100}{1000}$ kg = ■ g

3. Schreibe als Bruch mit dem angegebenen Nenner.
   a) $1 = \frac{■}{10}$, $1 = \frac{■}{100}$, $1 = \frac{■}{1000}$ b) $2 = \frac{■}{10}$, $2 = \frac{■}{100}$, $2 = \frac{■}{1000}$ c) $7 = \frac{■}{10}$, $7 = \frac{■}{100}$, $7 = \frac{■}{1000}$

4. Addiere die Brüche.
   a) $\frac{3}{10} + \frac{4}{10}$ b) $\frac{7}{100} + \frac{9}{100}$ c) $\frac{2}{10} + \frac{7}{10}$ d) $\frac{11}{100} + \frac{6}{100}$ e) $\frac{20}{100} + \frac{13}{100}$ f) $\frac{3}{10} + \frac{3}{10}$
   g) $\frac{12}{100} + \frac{7}{100}$ h) $\frac{8}{1000} + \frac{3}{1000}$ i) $\frac{42}{1000} + \frac{5}{1000}$ j) $\frac{60}{100} + \frac{23}{100}$ k) $\frac{205}{1000} + \frac{9}{1000}$ l) $\frac{33}{100} + \frac{26}{100}$

5. Addiere die Brüche wie im Beispiel.
   a) $\frac{48}{100} + \frac{16}{100}$ b) $\frac{27}{100} + \frac{34}{100}$ c) $\frac{29}{100} + \frac{44}{100}$ d) $\frac{56}{100} + \frac{19}{100}$
   e) $\frac{43}{1000} + \frac{78}{1000}$ f) $\frac{59}{1000} + \frac{79}{1000}$ g) $\frac{141}{1000} + \frac{153}{1000}$ h) $\frac{216}{1000} + \frac{348}{1000}$

   $\frac{37}{100} + \frac{28}{100} = \frac{65}{100}$ Nebenrechnung: 37 + 28 = 65

6. Addiere die Brüche. Notiere das Ergebnis als gemischte Zahl.
   a) $\frac{8}{10} + \frac{5}{10}$ b) $\frac{9}{10} + \frac{7}{10}$ c) $\frac{4}{10} + \frac{8}{10}$ d) $\frac{7}{10} + \frac{6}{10}$
   e) $\frac{70}{100} + \frac{44}{100}$ f) $\frac{63}{100} + \frac{90}{100}$ g) $\frac{61}{100} + \frac{82}{100}$ h) $\frac{69}{100} + \frac{44}{100}$

   $\frac{80}{100} + \frac{33}{100} = \frac{113}{100} = 1\frac{13}{100}$

7. Subtrahiere die Brüche.
   a) $\frac{5}{10} - \frac{3}{10}$ b) $\frac{9}{10} - \frac{2}{10}$ c) $\frac{8}{10} - \frac{5}{10}$ d) $\frac{12}{10} - \frac{9}{10}$ e) $\frac{11}{100} - \frac{4}{100}$ f) $\frac{68}{100} - \frac{21}{100}$
   g) $\frac{43}{100} - \frac{15}{100}$ h) $\frac{108}{100} - \frac{71}{100}$ i) $\frac{16}{1000} - \frac{14}{1000}$ j) $\frac{27}{1000} - \frac{16}{1000}$ k) $\frac{168}{1000} - \frac{161}{1000}$ l) $\frac{276}{1000} - \frac{73}{1000}$

8. Petra befindet sich auf Klassenfahrt und hat unter ihrem Bett alle mitgebrachten Getränke gesammelt: Die Packung Orangensaft enthält $\frac{25}{100}$ l. In der Kirschsaft-Flasche sind $\frac{50}{100}$ l. Die Flasche Apfelsaft ist mit $\frac{70}{100}$ l gefüllt. Vom Mineralwasser sind $\frac{75}{100}$ l vorhanden. Wie viel Liter hat Petra insgesamt als Getränke-Vorrat?

Dezimalbrüche

Das zeigt die Stoppuhr

– vom Vater des Siegers
$\boxed{36{,}8}$ = $36\frac{8}{10}$ s

– vom Trainer des Siegers
$\boxed{36{,}78}$ = $36\frac{78}{100}$ s

– von der elektronischen Messung
$\boxed{36{,}782}$ = $36\frac{782}{1000}$ s

Merke:
Brüche mit dem Nenner 10, 100, 1 000, … kann man als **Dezimalbrüche** schreiben.

Beispiele:
$\frac{8}{10} = 0{,}8$ $\frac{17}{10} = 1\frac{7}{10} = 1{,}7$ $\frac{3}{100} = 0{,}03$ $\frac{65}{100} = 0{,}65$ $\frac{141}{100} = 1\frac{41}{100} = 1{,}41$

Aufgaben

1. Schreibe um: gemischte Zahl in Dezimalbruch und umgekehrt.
   a) $4\frac{3}{10}$ s   b) $12\frac{7}{10}$ s   c) $5\frac{16}{100}$ s   d) $3\frac{4}{100}$ s   e) $8\frac{168}{1000}$ s   f) $11\frac{45}{1000}$ s   g) $9\frac{7}{1000}$ s
   h) 3,8 s   i) 4,1 s   j) 8,06 s   k) 10,007 s   l) 14,18 s   m) 5,381 s   n) 2,047 s

2. Schreibe den Dezimalbruch auf.   *Mit Komma!*
   a) $\frac{7}{10}$ b) $\frac{3}{10}$ c) $\frac{9}{10}$ d) $\frac{8}{100}$ e) $\frac{5}{100}$ f) $\frac{16}{100}$ g) $\frac{37}{100}$
   h) $\frac{16}{10}$ i) $\frac{19}{10}$ j) $\frac{21}{10}$ k) $\frac{115}{100}$ l) $\frac{131}{100}$ m) $\frac{241}{100}$ n) $\frac{106}{100}$

3. Schreibe als Bruch.
   a) 0,4   b) 0,2   c) 0,03   d) 0,16   e) 1,7   f) 1,22   g) 1,02

4. Rechne wie im Beispiel.
   a) 0,3 + 0,2   b) 0,5 + 0,4   c) 0,3 + 0,4   d) 0,6 + 0,9   e) 0,8 + 0,5
   f) 0,9 − 0,2   g) 0,8 − 0,4   h) 0,6 − 0,1   i) 0,7 − 0,2   j) 0,9 − 0,8

   $0{,}8 + 0{,}7 = \frac{8}{10} + \frac{7}{10} = \frac{15}{10} = 1{,}5$

5. Rechne jede Aufgabe wie Dana und wie Markus.
   a) 0,34 + 0,52   b) 0,67 + 0,28
   c) 0,85 + 0,63   d) 0,48 + 0,93
   e) 0,66 + 0,81   f) 0,79 + 0,58
   g) 0,93 − 0,62   h) 0,84 − 0,43
   i) 0,89 − 0,27   j) 0,63 − 0,48
   k) 0,72 − 0,55   l) 0,91 − 0,67

6. a) 3,64 + 2,13   b) 4,59 + 2,38   c) 2,66 + 0,74   d) 1,97 + 3,08   e) 2,87 + 5,09

7. a) 3,84 − 2,61   b) 7,66 − 5,18   c) 4,39 − 0,46   d) 5,18 − 2,35   e) 7,24 − 5,79

8. Shirley hat einem Dreisprung-Wettkampf im Fernsehen zugeschaut und wollte es auch einmal probieren.

a) Wie weit ist Shirley insgesamt gesprungen?

b) Sebastian hat es ihr nachgemacht. Seine Sprünge: 2,88 m – 1,59 m – 2,88 m. Ist er weiter als Shirley gesprungen?

c) Tatjana ist insgesamt 7,47 m gesprungen. Ihre ersten beiden Sprünge waren 2,71 m und 1,83 m. Wie weit war der letzte Teilsprung?

9. Schreibe untereinander und rechne aus.

a) 0,586 + 0,817   b) 0,692 + 0,185   c) 0,968 + 0,785   d) 0,807 + 0,449

10. a) 0,814 − 0,293   b) 1,314 − 0,776   c) 1,826 − 0,579   d) 0,628 − 0,473

11. Wenn du richtig gerechnet hast, erhältst du ein merkwürdiges Ergebnis.

a) 0,248 + 0,186 + 0,566   b) 0,274 + 0,334 + 0,391   c) 0,526 + 0,397 + 0,311   d) 1,635 + 0,972 + 1,714   e) 1,384 + 2,937 + 1,234

12. Frau Kriesel hat einen interessanten Reisebericht über eine Weltumsegelung verfasst. Die drei Stapel DIN-A4-Blätter sind damit gefüllt.
Zwei Stapel hat sie bereits gewogen: 0,284 kg und 0,396 kg. Der dritte Stapel liegt gerade auf der Briefwaage.
Frau Kriesel möchte den gesamten Reisebericht an einen Verlag schicken. Ein Brief darf maximal 1 kg wiegen.
Darf sie alle Blätter in einen großen Umschlag stecken und als Brief absenden?

13. Schreibe den Bruch zuerst als Dezimalbruch, dann rechne aus.

a) $\frac{3}{10} + 0,5$ b) $\frac{7}{10} + 1,3$ c) $4,8 + \frac{9}{10}$ d) $\frac{16}{100} + 0,41$ e) $1,87 + \frac{45}{100}$ f) $3,24 + \frac{9}{100}$ g) $\frac{30}{100} + 4,05$

14. Ergänze die Zauberquadrate. In jeder Zeile, jeder Spalte und beiden Diagonalen ist die Summe der Zahlen gleich.

a)
0,2	0,3	0,1
		0,3
	0,1	

b)
0,4		
	0,4	
	0,3	0,4

c)
0,25		0,15
	0,25	
0,35		

d)
3,25	0,5	0,75	4
2	2,75		
		1,5	2,25
0,25		3,75	

e)
0,16		0,02	0,13
		0,10	
0,09		0,07	
0,04	0,15		0,01

Testen, Üben, Vergleichen

8 Brüche

1. Welche Bruchteile sind hier gefärbt?
   a)   b)   c)

> **Merke:**
>
> $\frac{1}{2}$ (ein halb), $\frac{1}{3}$ (ein Drittel), $\frac{1}{4}$ (ein Viertel) usw. heißen **Stammbrüche**.
>
> $\frac{1}{2}$ von einem Ganzen ist die Hälfte.
>
> $\frac{1}{3}$ von einem Ganzen ist der dritte Teil.
>
>

2. Berechne.
   a) $\frac{1}{3}$ von 24 DM   b) $\frac{1}{5}$ von 30 Tagen
   c) $\frac{1}{4}$ von 80 kg   d) $\frac{1}{2}$ von 60 Minuten

3. Welche Bruchteile sind gefärbt?
   a)   b)   c)

> Man erhält einen Bruchteil einer Größe so:
> (1) Man **teilt** die Größe **durch** den **Nenner**.
> (2) Man **multipliziert** das Ergebnis **mit** dem **Zähler**.
>
> $\frac{3}{5}$ von 20 DM = 3 · 4 DM = 12 DM
>
>
> 20 DM : 5 = 4 DM

4. Berechne.
   a) $\frac{3}{4}$ von 16 DM   b) $\frac{2}{3}$ von 24 Flaschen
   c) $\frac{2}{5}$ von 40 kg   d) $\frac{5}{8}$ von 32 Kindern

5. a) 25 l 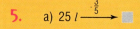   b) 60 min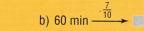

6. Schreibe als gemischte Zahl.
   a) $\frac{7}{5}$ b) $\frac{9}{4}$ c) $\frac{8}{7}$ d) $\frac{11}{5}$ e) $\frac{13}{8}$

> Brüche größer als 1 kann man als Bruch oder als **gemischte Zahl** notieren.
>
>  $\frac{7}{5}$ = $1\frac{2}{5}$

7. Schreibe als Bruch.
   a) $1\frac{2}{3}$ b) $1\frac{1}{8}$ c) $1\frac{3}{10}$ d) $2\frac{2}{5}$ e) $2\frac{6}{7}$
   f) $2\frac{1}{4}$ g) $9\frac{1}{2}$ h) $3\frac{3}{5}$ i) $4\frac{2}{3}$ j) $1\frac{5}{9}$

8. a) $\frac{2}{7} + \frac{3}{7}$ b) $\frac{3}{10} + \frac{4}{10}$ c) $\frac{5}{9} + \frac{2}{9}$ d) $\frac{3}{8} + \frac{5}{8}$

9. a) $\frac{5}{6} + \frac{5}{6}$ b) $\frac{4}{5} + \frac{3}{5}$ c) $\frac{8}{9} + \frac{4}{9}$ d) $\frac{6}{7} + \frac{4}{7}$

> Man addiert zwei Brüche mit gleichem Nenner, indem man die Zähler addiert.
>
> $\frac{4}{7} + \frac{5}{7} = \frac{4+5}{7} = \frac{9}{7} = 1\frac{2}{7}$
>
> Man subtrahiert zwei Brüche mit gleichem Nenner, indem man die Zähler subtrahiert.
>
> $\frac{3}{5} - \frac{2}{5} = \frac{3-2}{5} = \frac{1}{5}$

10. a) $\frac{9}{10} - \frac{3}{10}$ b) $\frac{7}{8} - \frac{3}{8}$ c) $\frac{5}{6} - \frac{1}{6}$ d) $\frac{7}{9} - \frac{2}{9}$

11. a) $\frac{6}{8} + \frac{5}{8}$ b) $\frac{11}{15} - \frac{7}{15}$ c) $\frac{3}{10} + \frac{7}{10}$ d) $\frac{5}{6} - \frac{2}{6}$
   e) $\frac{4}{7} + \frac{6}{7}$ f) $\frac{7}{12} - \frac{5}{12}$ g) $\frac{3}{8} + \frac{6}{8}$ h) $\frac{5}{7} - \frac{1}{7}$

12. Schreibe dezimal.
   a) $\frac{3}{10}$ b) $\frac{7}{10}$ c) $\frac{5}{100}$ d) $\frac{9}{100}$
   e) $\frac{11}{10}$ f) $\frac{17}{10}$ g) $\frac{31}{100}$ h) $\frac{165}{100}$

> Brüche mit den Nennern 10, 100, 1 000 usw. kann man als **Dezimalbrüche** schreiben.
>
> $\frac{3}{10}$ = 0,3 $\frac{7}{100}$ = 0,07 $\frac{61}{100}$ = 0,61
>
> Für Dezimalbrüche gibt es eine einfache Form der Addition und Subtraktion.
>
> ```
>   0,48        0,63
> + 0,83      − 0,47
>   1 1           1
>   1,31        0,16
> ```

13. Berechne.
   a) 0,6 + 0,3   b) 0,38 + 0,52   c) 0,67 + 0,19
   d) 0,84 + 0,67   e) 0,96 + 1,44   f) 2,85 + 3,09

14. a) 0,9 − 0,5   b) 0,63 − 0,41   c) 1,84 − 0,76
   d) 4,1 − 3,8   e) 5,14 − 2,76   f) 3,04 − 1,71
   g) 5,6 − 2,1   h) 3,14 − 2,64   i) 2,50 − 0,88

Lösungen der TÜV-Seiten

Seite 22

1. Eins; Zehn; Hundert; Tausend; Zehntausend; Hunderttausend; Eine Million; Zehn Millionen; Hundert Millionen; Eine Milliarde.

2. a) Zwölf
   Dreihundertfünfzehn
   Achthundertsiebenundsechzig
   b) Zwölftausenddreihundert
   Dreihundertvierundzwanzigtausend
   Fünfhundertachttausend
   c) Neunhundertsiebentausend
   Eine Million Zweihunderttausend
   Dreizehn Millionen Vierhunderttausend

3. 12 Mrd. 78 Mio. 905 T. 346 = 12 078 905 346
   100 Mrd. 269 Mio. 1 T. 407 = 100 269 001 407
   7 Mrd. 310 Mio. 38 T. 760 = 7 310 038 760

4. a) 12 034 670;   305 780 129;   7 013 293 710;   9 315 700 008
   b) 1 357 000 890;   37 419 300 000;   210 000 037 900;   343 450 111 111

5. a) 335   b) 12 480   6. –   7. a) A = 90 000   B = 170 000   C = 370 000   D = 410 000
   b) 510 000 < E < 520 000

8. a) 608 < 615   b) 852 > 851   c) 1 000 = 10 · 100   9. a) 2 000; 13 000; 40 000   b) 500; 1 200; 10 000   c) 20; 350; 1 900

10. Rhein 1 330 km
    Mosel 550 km
    Main 520 km
    Neckar 370 km
    Lahn 250 km
    Sieg 130 km

Seite 23

1. a) 34 567 = 34 T. 567   b) 190 000 = 190 T.   c) 23 456 000 = 23 Mio. 456 T.
   102 003 = 102 T. 3   2 034 000 = 2 Mio. 34 T.   190 307 050 = 190 Mio. 307 T. 50
   73 500 = 73 T. 500   900 360 = 900 T. 360   70 003 090 = 70 Mio. 3 T. 90
   d) 12 830 006 000 = 12 Mrd. 830 Mio. 6 T.
   207 008 000 = 207 Mio. 8 T.
   15 263 700 100 = 15 Mrd. 263 Mio. 700 T. 100   2. a) 300 000   b) 177 000   c) 20 500   d) 15 300 000

3. a) G: 50   b) Zwischen 220 und 230: Schildkröte   4. a) 100 437 < 103 470 < 301 407 < 700 413 < 734 001
   E: 120   Zwischen 340 und 350: Hund
   N: 640   Zwischen 530 und 540: Bär   b) 66 666 < 550 000 < 555 666 < 655 655 < 665 556 < 666 555
   A: 870
   U: 990

5.
	a)	b)	c)	d)
(1)	399	401	390	410
(2)	278	280	269	289
(3)	500	502	491	511
(4)	398	400	389	409
(5)	300	302	291	311
(6)	806	808	797	817
(7)	988	990	979	999
(8)	999	1 001	990	1 010

6. a) 700; 900; 100; 0   b) 1 000; 8 000; 87 000; 90 000; 190 000

7. a) 14 500 < 14 580 < <u>14 600</u>   b) <u>5 700</u> < 5 740 < 5 800
   c) 120 300 < 120 370 < <u>120 400</u>   d) <u>79 900</u> < 79 930 < 80 000
   e) <u>10 300</u> < 10 347 < 10 400   f) <u>179 900</u> < 179 960 < 180 000

8. Berlin 76 000
   Gelsenkirchen 37 000
   Dortmund 43 000
   Mönchengladbach 33 000

9. a) 16   b) 14   c) 166   d) 1 865   e) 1 999   10. a) 100 000 DM   b) 10 Schichten

Seite 40

1. a) 30 + 70 = 100   b) 26 + 32 = 58   c) 48 + 26 = 74   2. a) 90 – 50 = 40   b) 75 – 24 = 51   c) 52 – 37 = 15

3. 37 + 25 = 62   4. 27 – 18 = 9   5. a) 31   b) 64   c) 52   d) 48   6.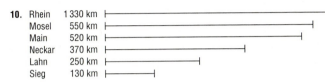

7. a) 45   b) 41   c) 72   d) 54   8. a) 63   b) 30   9. a) 1   b) 22
   10   70

10. a) 8 + (7 + 3) = 18   b) 23 + (16 + 4) = 43   11. a) 79 – 9 + 17 = 87   b) 127 – 27 – 73 = 27
    (59 + 41) + 27 = 127   (99 + 11) + 29 = 139   138 – 38 + 53 = 153   509 – 9 – 91 = 409

12. a) 400   b) 805   c) 300   13. a) 762   b) 513   14. a) 235   b) 325   c) 187   15. a) 78   b) 271   c) 163   d) 39

Lösungen der TÜV-Seiten

Seite 41

1. a)

+	20	30	40
32	52	62	72
47	67	77	87
56	76	86	96

b)

−	20	30	40
83	63	53	43
76	56	46	36
61	41	31	21

c)

+	22	32	42
14	36	46	56
33	55	65	75
56	78	88	98

d)

−	24	34	44
98	74	64	54
86	62	52	42
57	33	23	13

2. a) 13 + 29 = 42   b) 47 + 25 = 72   c) 53 − 18 = 35   d) 62 − 35 = 27

3. a) 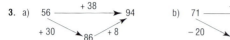   b)    c)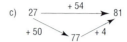

4. a) 13   b) 59   c) 60   **5.** a) 35   b) 32   c) 34   d) 48   e) 19   f) 56   g) 89   h) 34

6. a) (28 + 12) + 35 = 75   b) (31 + 9) + 43 = 83   c) 31 + (127 + 3) = 161   d) (14 + 36) + 28 = 78

7. a) 27 + (45 + 25) = 97   b) 52 − 26 − 24 = 2   c) 117 + 136 − 17 = (117 − 17) + 136 = 236   d) 127 − 89 − 11 = 27

8. Hier ohne Überschlag: a) 981   b) 78   c) 932   d) 3 951   e) 296   f) 732   g) 288   h) 1 232

9. 345 Marken   **10.** 189 Bücher   **11.** 47,60 DM   **12.** 36,35 DM   **13.** a) 25,97 DM kostet alles zusammen. Also 5,97 DM zu wenig.
b) 528 DM kostet alles zusammen. Also 28 DM zu wenig.
c) 102,40 DM kostet alles zusammen. Also 2,40 DM zu wenig.

Seite 54

1.

Körper	Anzahl der Flächen	Kanten	Ecken
Würfel	6	12	8
Quader	6	12	8
Prisma	5	9	6
Pyramide	5	8	5
Zylinder	3	2	0
Kegel	2	1	1
Kugel	1	0	0

2. a) Würfel, Quader, Prisma, Pyramide   b) Pyramide

3. senkrecht zu a: a) b und c   b) c und b
parallel zu a: a) d und e   b) d und e

4. a) nein   b) nein   **5./6.**

7. Zwei quadratische Flächen (4 cm x 4 cm)

8. a) Würfelnetz   b) kein Würfelnetz

Seite 55

1. a) von oben   b) von hinten   c) von links   d) von unten   e) von rechts   **2.** a) Quader (Würfel)   b) Prisma   c) Pyramide   d) Kugel

3. senkrecht zu a   a) x und z   b) x   c) x   d) x und y   parallel zu a   a) y   b) z   c) y   d) keine   **4.** 60 cm   **5.** 72 cm

6.

	a)	b)	c)	d)
Vorne:	4	5	4	1
Hinten:	3	3	2	3
Rechts:	5	1	3	2
Links:	2	4	1	4
Oben:	1	2	5	5

7. −   **8.** −

9. Die 36 Karos des Papiers lassen sich zu einem 6 x 6-Quadrat legen.

Seite 76

1. a) 45   b) 17   c) 60   d) 7   **2.** a) 4 · 9 = 36   b) 35 : 7 = 5   c) 8 · **5** = 40   d) 48 : **4** = 12   **3.** 48 : 48 = 1

4. a) 1   b) 13   c) 0   d) 0   **5.** a) 1 700   b) 47   c) 1 200   **6.** a) 40 · **100** = 4 000   b) 3 000 : **10** = 300   **7.** a) 96   b) 3
   0   0   10   geht   650   250   470   200 · **10** = 2 000   50 000 : **100** = 500   81   140
      nicht   21 200   38   82

8. a) 44   b) 19   **9.** a) 2   b) 16   **10.** a) (25 · 4) · 39 = 3 900   b) (50 · 2) · 88 = 8 800   **11.** a) 700   b) 873   c) 210
   33   56   25   32   c) 40 · 118 · 2 = 9 440   d) (4 · 25) · 67 = 6 700   d) 368   e) 300   f) 600

12. a) 2 115   b) 21 120   c) 5 775   **13.** 12 · 285 DM = 3 420 DM   **14.** a) 121   b) 53   c) 318   **15.** 65 DM pro Person
   5 712   14 220   14 896   594   63   352

Lösungen der TÜV-Seiten

Seite 77

1. a) 2 · 120 = 240   b) 5 · 30 = 150   c) 900 : 3 = 300   d) 600 : 4 = 150   e) 500 : 2 = 250   f) 3 · 40 = 120

2. a) 56   b) 45   c) 4   d) 9   e) 30   f) 100   3. a) 36   b) 114   c) 72   d) 272   e) 240   f) 2 400
   54   42   7   7   700   10   126   64   104   318   4 200   2 100
   28   24   8   7   8 000   1 000

4. a) 4   b) 100   c) 85   d) 1 000   5. a) 55   b) 5   c) 112   d) 4   e) 70   f) 6   g) 14   h) 4
   12   100   9   8 200

6. a) 39 · 10 = 390   b) 27 · 100 = 2 700   c) 100 · 9 = 900   d) 270   e) 123 · 100 = 12 300   f) 89 · 100 = 8 900
   g) 350 + 28 = 378   h) 1 · 27 = 27

7. a) 1 896   b) 7 713   c) 18 390   d) 3 055   e) 5 952   f) 3 178   g) 3 932   h) 24 720   i) 12 716   j) 16 907

8. 120 · 28 DM = 3 360 DM   9. 220 · 29 km = 6 380 km

10. a) 179   b) 134   c) 65   d) 47   e) 258   11. 1 235 DM   12. 70 DM
    134   254   63   63   364

13. a) 98 Rest 3   b) 92 Rest 4   c) 545 Rest 2   d) 191 Rest 10   e) 91 Rest 2   14. Jede Schule bekommt 111 Karten; eine Karte bleibt übrig.
    f) 82 Rest 1   g) 83 Rest 2   h) 310 Rest 1   i) 126 Rest 48   j) 133 Rest 8

Seite 98

1. a) $\overline{CD} < \overline{AB} < \overline{BC} < \overline{AC} = \overline{BD} < \overline{AD}$ b) –   c) 6 Geraden   2. a)/b) –   c) D hat 6,1 cm Abstand

3. a) –   b) 8,6 cm   **4. – 6.** –   7. a) Rechteck   b) Parallelogramm   8. –

Seite 99

1. –   2. –   3. a) –   b) Raute   c) Sie stehen senkrecht aufeinander und sind genauso lang wie die Seitenlängen des Rechtecks (6 cm und 4 cm).

4. Das Quadrat ist ein spezielles Rechteck, ein spezielles Parallelogramm und eine spezielle Raute.

5. a) A(2|0), B (6|0), C(6|2), D(5|3), E(5|9), F(4|11), G(3|9), H(3|3), I(2|2)   6. a) D(3|6)   b) C(9|9)   c) A(7|0)
   b) Ohne Zeichnung: A(7|0), B(11|0), C(11|2), D(10|3), E(10|9), F(9|11), G(8|9), H(8|3), I(7|2)
   c) Ohne Zeichnung: A(7|4), B(11|4), C(11|6), D(10|7), E(10|13), F(9|15), G(8|13), H(8|7), I(7|6)   7. –

Seite 120

1. a) 35 mm   b) 530 cm   c) 2 300 m   2. a) 6,4 cm   b) 1,75 m   c) 8,7 km   3. a) 42 mm   b) 458 cm   c) 3 700 m
   73 mm   272 cm   4 820 m   12,3 cm   2,38 m   1,14 km   87 mm   1 070 cm   4 250 m

4. Es fehlen noch 3,70 m.   b) 9,20 m   5. 44,40 km   6. 6,25 km   7. a) 4 250 g   b) 2 050 g   c) 3 400 kg

8. a) 3,72 kg   b) 5,18 kg   c) 12,7 t   9. a) 4 630 g   b) 1 500 g   c) 5 800 kg   10. 20,2 kg   11. Der Inhalt wiegt 15,8 kg.

12. a) 43,20 kg   b) 625 g pro Person   13. a) 72 h   b) 102 h   c) 120 min   d) 195 min   e) 240 s   f) 165 s   g) 12 h   h) 8 min

14.
	a)	b)	c)	d)	
Anfang	8.15 Uhr	12.30 Uhr	9.45 Uhr	13.45 Uhr	15. 60 Monate, 1 825 Tage
Dauer	**2 h 15 min**	**4 h 45 min**	2 h 10 min	4 h 30 min	
Ende	10.30 Uhr	17.15 Uhr	**11.55 Uhr**	18.15 Uhr	

Seite 121

1. 14 Stunden   2. 1 h 40 min   3. 16.56 Uhr   4. a) 37 min   b) 72 min = 1 h 12 min   5. 10,72 DM zurück   6. 220,50 DM

7. Nein, die Gesamthöhe ist um 16 cm zu hoch.   8. 9 Fahrten   9. 42 000 kg = 42 t   10. 8 g   11. a) 40 Bahnen   b) 1 600 s = 26 min 40 s

12. 2,4 kg   13. 302 km   14. 2 800 m = 2,8 km   15. Ein Stockwerk mit Decke ist ca. 3 m hoch, ca. 48 m ist das Haus hoch.

16. ca. 9 km   17. 7 h 15 min   18. 108 Herzschläge

Seite 138

1. –   2. a) 4 cm²   b) 2 cm²   c) 2 cm²   3. a) 100 cm²   b) 3 cm²   c) 5 600 cm²
   2 100 cm²   25 cm²   2 cm²
   750 cm²   0,5 cm²   2 550 cm²

4. a) 100 mm²   b) 10 dm = 100 cm = 1 m

Lösungen der TÜV-Seiten

5. a) 9 ha = 900 a b) 450 km² = 45 000 ha c) 2 900 a = 29 ha d) 56 700 m² = 567 a
   37 m² = 3 700 dm²   625 a = 62 500 m²   800 ha = 8 km²   350 dm² = 3,5 m²

6. a) 180 cm² b) 1 568 cm²   **7.** a) 6 cm b) 27 cm   **8.** 108 cm²   **9.** 600 m² = 6 a   **10.** 22 cm   **11.** a) 7 cm b) 34,5 cm

Seite 139

1. a) (18 · 15) dm² = 270 dm² b) 30 Fliesen   **2.** a) 3 000 cm² = 30 dm² b) 240 cm = 2,4 m

3.

	a)	b)	c)	d)	e)	f)
Länge	10 m	11 cm	5 dm	18 m	5 cm	**10 cm**
Breite	9 m	7 cm	5 dm	4 m	**2 cm**	6 cm
Umfang u	**38 m**	**36 cm**	**20 dm**	**44 m**	**14 cm**	32 cm
Fläche A	**90 m²**	**77 cm²**	**25 dm²**	**72 m²**	10 cm²	**60 cm²**

4. a) Er braucht: 2 · (30 + 40) m = 140 m für den äußeren Zaun und
   4 · 3 m = 12 m für den inneren. Ihm fehlen also 2 m Zaun.   b) 12 a   c) (1 200 – 9) m² = 1 191 m²

5. a) (72 : 24) m² = 3 m² (1984); (72 : 18) m² = 4 m² (1993)   b) (72 : 8) · 3 = 27 Kinder

6. a) 54 a   b) 100-mal   **7.** 2 ha = 20 000 m² → 40 Grundstücke   **8.** 2 125 Tennisplätze

Seite 153

1. a) $\frac{1}{4}$ b) $\frac{1}{3}$ c) $\frac{1}{7}$ **2.** a) 8 DM b) 6 Tage c) 20 kg d) 30 Minuten   **3.** a) $\frac{3}{8}$ b) $\frac{5}{6}$ c) $\frac{3}{5}$

4. a) 12 DM b) 16 Flaschen c) 16 kg d) 20 Kinder   **5.** a) 15 l b) 42 min   **6.** a) $1\frac{2}{5}$ b) $2\frac{1}{4}$ c) $1\frac{1}{7}$ d) $2\frac{1}{5}$ e) $1\frac{5}{8}$

7. a) $\frac{5}{3}$ b) $\frac{9}{8}$ c) $\frac{13}{10}$ d) $\frac{12}{5}$ e) $\frac{20}{7}$ f) $\frac{9}{4}$ g) $\frac{19}{2}$ h) $\frac{18}{5}$ i) $\frac{14}{3}$ j) $\frac{14}{9}$ **8.** a) $\frac{5}{7}$ b) $\frac{7}{10}$ c) $\frac{7}{9}$ d) $\frac{8}{8}=1$

9. a) $\frac{10}{6}=1\frac{4}{6}$ (= $1\frac{2}{3}$) b) $\frac{7}{5}=1\frac{2}{5}$ c) $\frac{12}{9}=1\frac{3}{9}$ (= $1\frac{1}{3}$) d) $\frac{10}{7}=1\frac{3}{7}$ **10.** a) $\frac{6}{10}=\frac{3}{5}$ b) $\frac{4}{8}=\frac{1}{2}$ c) $\frac{4}{6}=\frac{2}{3}$ d) $\frac{5}{9}$

11. a) $\frac{11}{8}=1\frac{3}{8}$ b) $\frac{4}{15}$ c) $\frac{10}{10}=1$ d) $\frac{3}{6}=\frac{1}{2}$ e) $\frac{10}{7}=1\frac{3}{7}$ f) $\frac{2}{12}=\frac{1}{6}$ g) $\frac{9}{8}=1\frac{1}{8}$ h) $\frac{4}{7}$

12. a) 0,3 b) 0,7 c) 0,05 d) 0,09 e) 1,1 f) 1,7 g) 0,31 h) 1,65

13. a) 0,9 b) 0,9 c) 0,86 d) 1,51 e) 2,4 f) 5,94   **14.** a) 0,4 b) 0,22 c) 1,08 d) 0,3 e) 2,38 f) 1,33

Stichwortverzeichnis

Abstand 85, 98
Achsenspiegelung 93
achsensymmetrisch 94
Adam Ries(e) 10
Addition 26, 40
Anfang 120

Bruchstrich 144

Dauer 120
Dezimalbrüche 151, 153
Dezimalsystem 12
Diagonale 98
Diagramm 17, 22
Differenz 26, 40
Division 58, 76
Dreiecke 44

Einheit 104, 120
Ende 120

Flächeneinheiten 138
Flächeninhalt Rechteck 127, 138

gemischte Zahl 148, 153
Gerade 80, 98
Gittereinheit 92

Hochachse 92, 98

Kanten 44
Kegel 42, 54
Kommaschreibweise 120
Koordinate 92, 98
Kreise 44
Kugel 43, 54

Längen 120
lotrecht 47, 54

Massen 120
Maßquadrat 126
Maßzahl 104
Minusoperator 29, 30, 40
Multiplikation 58, 76

Natürliche Zahlen 10, 22
Nenner 144, 153
Netz 50, 51, 54

Operator 29, 40, 146
Operatorschreibweise 62

parallel 45, 54, 84, 98
Parallelogramm 89, 98
Plusoperator 29, 30, 40
Prisma 43, 54
Produkt 58, 76
Pyramide 43, 54

Quader 42, 54
Quadernetz 52, 53
Quadrat 49, 54, 87, 98
Quadratgitter 92
Quadratmeter 131, 138
Quadratzentimeter 126
Quotient 58, 76

Raute 89, 98
Rechenregel 76
Rechteck 49, 54, 87, 98
rechter Winkel 49, 83

Rechtsachse 92, 98
römische Zahlzeichen 21
runden 15, 22

schätzen 20
Schaubild 17
senkrecht 45, 54, 83, 98
Spiegelachse 93, 98
Stammbrüche 142, 153
Stellenwerte 12
Stellenwerttafel 18, 22
Strahl 81, 98
Strecke 44, 81, 98
Streifenbild 17
Subtraktion 26, 40
Summe 26, 40
Symmetrieachse 94, 98

Überschlagsrechnung 34, 36, 40, 67
Umfang Rechteck 128, 138
Umkehroperation 62
Umkehroperator 30, 40

Vierecke 44

waagerecht 47, 54
Würfel 42, 54
Würfelnetz 51, 53

Zahlenstrahl 10, 11, 22, 28
Zähler 144, 153
Zehnersystem 12, 22
Zylinder 42, 54